Harmonize seu sistema craniossacral

Dados Internacionais de Catalogação na Publicação (CIP)
(Câmara Brasileira do Livro, SP, Brasil)

Agustoni, Daniel
  Harmonize seu sistema craniossacral : toques suaves para a saúde e o bem-estar / Daniel Agustoni. — São Paulo : Summus, 2013.

  Bibliografia
  ISBN 978-85-323-0897-9

  1. Terapia craniossacral I. Título.

13-02912
CDD-615.82
NLW-WB 541

Índice para catálogo sistemático:

1. Terapia craniossacral : Exercícios terapêuticos   615.82

www.summus.com.br

Compre em lugar de fotocopiar.
Cada real que você dá por um livro recompensa seus autores
e os convida a produzir mais sobre o tema;
incentiva seus editores a encomendar, traduzir e publicar
outras obras sobre o assunto;
e paga aos livreiros por estocar e levar até você livros
para a sua informação e o seu entretenimento.
Cada real que você dá pela fotocópia não autorizada de um livro
financia um crime
e ajuda a matar a produção intelectual em todo o mundo.

Daniel Agustoni

Harmonize seu sistema craniossacral

Toques suaves para a saúde e o bem-estar

summus editorial

Do original em língua inglesa
HARMONIZING YOUR CRANIOSACRAL SYSTEM
Self-treatments for improving your health

Copyright © 2011 by Daniel Agustoni
Direitos para a língua portuguesa adquiridos por Summus Editorial

Editora executiva: **Soraia Bini Cury**
Editora assistente: **Salete Del Guerra**
Fotos: *capa, exercícios e ilustrações de crânio:* **Tom Schneider**;
gráficos: **Michael Hartman e Susanne Naller**,
copyright® Sphinx-Craniosacral Institute, Basileia, Suíça;
modelos de crânio das páginas 13 e 103, **copyright®SOMSO**
Projeto gráfico: **Kösel Verlag**, revisado por **Thierry Bogliolo**
Tradução: **Denise Maria Bolanho**
Capa e diagramação: **Acqua Estúdio Gráfico**
Impressão: **Geográfica Editorial**

Este livro não pretende substituir qualquer tratamento médico.
Quando houver necessidade, procure a orientação de
um profissional especializado.

Summus Editorial
Departamento editorial
Rua Itapicuru, 613 – 7.º andar
05006-000 – São Paulo – SP
Fone: (11) 3872-3322
Fax: (11) 3872-7476
http://www.summus.com.br
e-mail: summus@summus.com.br

Atendimento ao consumidor
Summus Editorial
Fone: (11) 3865-9890

Vendas por atacado
Fone: (11) 3873-8638
Fax: (11) 3873-7085
e-mail: vendas@summus.com.br

Impresso no Brasil

Este livro

é dedicado

à vida,

ao amor

e ao riso

Sumário

Prefácio 9

Apresentação 11

Introdução 13

O sistema craniossacral 16

Orientações importantes para tratar a si mesmo 23

1. Exercícios de relaxamento e automassagens 33

2. Exercícios de conscientização e percepção 49

3. Harmonize o sistema craniossacral 67

Informações importantes sobre a terapia craniossacral .. 137

Termos e definições 141

Combinação de tratamentos 145

Resumo dos tratamentos de A a Z 147

Referências bibliográficas 149

Prefácio

É incrível que a terapia craniossacral tenha surgido com a percepção intuitiva do dr. William Garner Sutherland de que os ossos cranianos têm mobilidade em vez de ser fixos e estáticos. Essa compreensão de Sutherland originou uma vida dedicada à pesquisa que por fim culminou em diversas abordagens valiosas à terapia craniossacral.

Inicialmente, o modelo terapêutico da terapia craniossacral compreendia uma abordagem mais mecânica para trabalhar os ossos e as membranas. Com o passar do tempo, a ênfase no trabalho com restrição de movimentos evoluiu para uma abordagem mais fluida e indireta, que acompanha o fluxo e a direção naturais do corpo, estimulando a autorregulação e a cura inatas.

Hoje, a terapia craniossacral está diferente, pois deixou de tratar a doença e procura acessar o padrão subjacente de saúde de um indivíduo, a sabedoria inerente e fonte de toda cura. Recorrendo à sua experiência como professor e terapeuta craniossacral, Daniel Agustoni apresenta aqui uma ampla variedade de tratamentos[1] cuidadosamente organizados.

A seguir, aquilo que considerei particularmente valioso nesta obra:
- os complexos princípios da terapia craniossacral foram descritos de forma acessível e têm aplicação extremamente agradável;
- o livro promove a saúde ensinando as pessoas a assumir a responsabilidade pelo próprio bem-estar com uma série de protocolos de terapia craniossacral;
- o texto é abrangente e compreensível, voltado para as necessidades e os interesses de um amplo espectro da população.

William Martin Allen, PhD, doutor em Odontologia

---

1. No original, esta obra usa em muitas ocasiões o termo "self-treatment", que em português poderia ser traduzido literalmente como "autotratamento", visto que as técnicas demonstradas aqui podem ser executadas pelo próprio leitor. Assim, sempre que o termo "tratamento" aparecer, fica implícito que o texto está se referindo a automassagens/toques realizados pelo próprio leitor em si mesmo. [N. E.]

Apresentação

Os conceitos, as sequências de tratamento cuidadosamente selecionadas e os três exemplos de possíveis combinações de exercícios apresentados aqui se originaram em minha longa experiência como terapeuta e professor. Há mais de 25 anos me interesso por diversas técnicas de relaxamento, em especial as ligadas ao autocuidado. Em 1992, passei a dar aulas sobre diversos tipos de terapia que podiam ser aplicados na forma de exercícios de relaxamento e conscientização em meus cursos de massagem. Aprendi alguns desses exercícios em inúmeros treinamentos e os modifiquei um pouco. Meu agradecimento ao dr. John E. Upledger, que demonstrou como induzir o *still point* (ponto de quietude) e como utilizar o *V-spread* (irradiação em *V*). Meu professor durante muito tempo, William M. Allen também me inspirou a pesquisar mais o campo craniossacral. No decorrer de uma década, desenvolvi, testei e aperfeiçoei muitas dessas técnicas e exercícios de conscientização.

Também ensino técnicas de relaxamento e ofereço cursos introdutórios de terapia craniossacral. O treino desses exercícios em grupo pode aumentar ainda mais seus efeitos. Os alunos do meu treinamento craniosacral_flow® aprendem os exercícios descritos aqui e muitos outros aplicando-os em si mesmos para posteriormente praticá-los com clientes.

Se você, leitor, já frequentou cursos de terapia craniossacral ou é terapeuta, este livro lhe oferecerá sugestões para ajudá-lo na terapia com seus pacientes.

Os exercícios contidos aqui ampliam minha consciência corporal e me ajudam a aliviar com mais facilidade as tensões acumuladas ao longo do dia. Também me permitem relaxar mais profundamente em menos tempo. Às vezes, participo de uma sessão de craniosacral_flow® realizada por outro colega. Pratico diariamente algumas das séries apresentadas aqui, seja antes de levantar, durante um intervalo ou antes de dormir. Acostumei-me a fazer esses exercícios, que se tornaram parte do meu dia. Dependendo da situação, do ambiente e de como o meu corpo se sente, escolho intuitivamente os movimentos que considero adequados naquele momento. Os tratamentos funcionam bem na banheira, na água quente de um banho termal ou na sauna, onde é possível relaxar totalmente.

Algumas das instruções ou sequências são descritas como meditações dirigidas. Quando se relaxa e se apoia o sistema craniossacral, é possível estimular o sistema autorregulador do corpo – o que, por sua vez, fortalece a ação autocuradora do corpo e pode ter o efeito de uma fonte da juventude.

Convido-o a deixar seu corpo trabalhar com seus ritmos internos e sua sabedoria nas séries explicadas aqui. Não se force a nada. Toque-se delicadamente; dê a si mesmo muito espaço e tempo em todos os exercícios – e aproveite o relaxamento que surge de forma natural.

Se você se sentir desconfortável ou inseguro com algumas das séries, deixe-as de lado. Sugiro que você realize alguns dos exercícios com um terapeuta craniossacral para que possa experimentar ou aprofundar esse processo com um especialista.

Os leitores do meu primeiro livro, *Craniosacral rhythm: a practical guide to a gentle form of bodywork therapy*[2], disseram que as sequências de tratamento e a meditação dirigida (para aumentar o fluxo de fluido no corpo) apresentadas ali produziram ótimos resultados.

As técnicas apresentadas neste livro foram publicadas pela primeira vez em 2004, após muitos pedidos em palestras e cursos. O original em alemão já está na quinta edição e também foi traduzido para o holandês, o húngaro e o japonês. Os leitores (e ouvintes do CD com o mesmo nome) relataram, entre outros fatos, curas espontâneas e facilidade para adormecer ou voltar a dormir a noite inteira. Gostaria de agradecer a vocês pelo retorno que recebi.

Na Suíça, os tratamentos alternativos (e a compreensão da salutogênese[3]) fazem parte da medicina complementar aprovada pelo governo. Muitos planos de saúde cobrem a terapia craniossacral e outros novos métodos comprovados de cura.

Estou muito feliz por este livro estar agora acessível a um público mais amplo. A autoajuda craniossacral tornou-se um aspecto eficaz dos tratamentos da terapia craniossacral em diversos países do mundo, inclusive no Brasil e em toda comunidade lusófona.

Desejo a você muita alegria, tranquilidade e, acima de tudo, bem-estar e um relaxamento maravilhoso com os exercícios.

Daniel Agustoni
Basileia, Suíça, primavera de 2013

---

2. Nova York: Churchill Livingstone/Elsevier, 2008. Em alemão: Munique: Kösel Verlag, 2000/2006. Em japonês: Tóquio: Sunchoh Shuppan, 2011.

3. Termo que designa a busca dos motivos que levam um indivíduo a estar saudável. [N. E.]

Introdução

Estresse prejudicial e relaxamento natural

Tensão e relaxamento são opostos naturais, assim como dia e noite, interno e externo. Hoje, temos uma imensa variedade de estímulos inundando nossos sentidos, seja por rádio, televisão, celular ou pela internet.

Além disso, muitas vezes sofremos pressões e estresse no trabalho ou na vida pessoal. Grande parte da nossa atenção está focalizada em coisas externas. Em razão disso, cada vez menos pessoas podem relaxar de maneira natural e proporcionar o descanso necessário ao corpo, à mente e ao espírito. O sistema nervoso autônomo é constantemente exigido devido ao estresse, o que ativa o sistema nervoso simpático. Se o movimento pendular natural entre tensão e relaxamento – ou *interno* e *externo* – for negligenciado durante algum tempo, cedo ou tarde a saúde e a qualidade de vida sofrerão. O estresse permanente e suas possíveis consequências – como problemas nas costas, distúrbios crônicos de sono ou ataques cardíacos – são muito comuns.

Também é terrível o fato de inúmeros indivíduos – em particular aqueles que trabalham ajudando os outros – não ouvirem o chamado interno para relaxar e equilibrar sua constante sobrecarga, o que os faz adoecer com o passar do tempo, chegando ao esgotamento nervoso.

Exercícios na Parte 1
Ajudam-nos a desacelerar e a nos centrar.

Exercícios na Parte 2
Ajudam-nos a relaxar e a aumentar a consciência do nosso corpo.

Exercícios na Parte 3
Ajudam a aprofundar o relaxamento, suavizando o sistema craniossacral, em particular a camada protetora do sistema nervoso central e o fluxo do fluido cerebroespinhal.

Trate a si mesmo

Uma vez que as exigências que enfrentamos provavelmente não diminuirão, devendo, ao contrário, aumentar, precisamos priorizar uma maneira nova e mais consciente de lidar com o estresse.

Durante anos testemunhei de que maneira pessoas com diversos tipos de mentalidade relaxam após alguns minutos de trabalho com exercícios craniossacrais. Tratar a si mesmo oferece um antídoto saudável para o estresse da vida cotidiana.

Os exercícios craniossacrais melhoram e estimulam:
- a percepção corporal mais profunda e maior consciência corporal interna e externa;
- o relaxamento, por meio do toque suave em lugar da manipulação vigorosa;
- a intensificação de todos os sentidos, em particular o tato;
- a autorregulação, a defesa imunológica e a regeneração do corpo;
- os processos de crescimento, particularmente em crianças e adolescentes;
- a paz interior.

Os exercícios de relaxamento, as automassagens e os exercícios de conscientização e palpação são adequados para crianças em idade escolar, adolescentes e adultos. Eles também podem ser utilizados em grupos dirigidos – como na escola, nos esportes, em grupos de ginástica calistêmica e nos treinamentos de relaxamento.

Os exercícios craniossacrais também são adequados para:
- aqueles que já receberam tratamento craniossacral e não sentem dores;
- indivíduos com conhecimento de massagem e terapias corporais;
- pessoas em treinamento para se tornar praticantes da técnica craniossacral;
- terapeutas craniossacrais que desejam apresentar os exercícios a seus pacientes;
- fisioterapeutas, terapeutas corporais, terapeutas alternativos, parteiras e outros profissionais.

Envolva-se nesses exercícios craniossacrais com receptividade, curiosidade infantil e muita delicadeza. Não há nada a ser alcançado – o relaxamento está simplesmente esperando permissão para entrar.

Observe que séries de exercícios e formatos lhe são agradáveis e aprofunde o bem-estar e o relaxamento. Assuma a responsabilidade pela sua saúde. Os exercícios estão aqui para ajudá-lo.

É preciso algum empenho para alcançar o relaxamento, mas nós definitivamente não podemos forçá-lo. Como é um princípio natural (e um antídoto para a tensão), o corpo, a mente e a alma estão apenas nos esperando relaxar e mergulhar mais no relaxamento. No final, ele acontece por si mesmo e se aprofunda pela observação meditativa, pela consciência imparcial e pela entrega.

O sistema craniossacral

O principal foco deste livro são os exercícios de sintonia e aprofundamento da consciência corporal e maneiras simples de cuidar do sistema craniossacral. Não pretendo apresentar aqui uma visão abrangente do sistema craniossacral e de sua terapia correlata; tais informações estão detalhadas em meu livro *Craniosacral rhythm: a practical guide to a gentle form of bodywork therapy* e em outras publicações técnicas (as recomendações estão nas Referências bibliográficas).

Para saber o que o tratamento com um terapeuta craniossacral pode fazer por você e como ele é realizado, veja a página 138.

Para ajudá-lo a visualizar melhor os exercícios, ilustrações e fotografias do sistema craniossacral, particularmente do crânio, são encontradas na Parte 3, "Harmonize o sistema craniossacral" (com os respectivos exercícios, páginas 107 e 108).

O sistema craniossacral é formado:
- externamente: pelo crânio, pela coluna vertebral e pelo sacro – daí o nome "craniossacral";
- internamente: pelas meninges do cérebro e da medula espinhal, que compõem a camada protetora do sistema nervoso central;
- pelo fluido cerebroespinhal.

Ossos cranianos

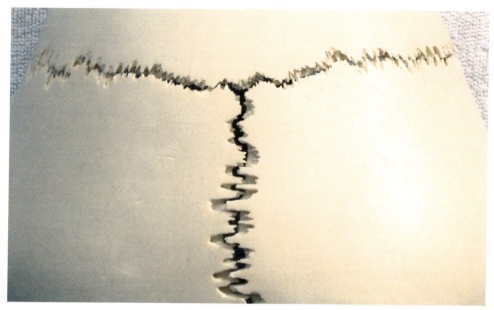

Suturas cranianas: sutura coronal e sutura sagital com bregma

Ao relaxar direta ou indiretamente o sistema craniossacral, as suturas cranianas, que ligam os ossos cranianos como se fossem articulações, tornam-se mais flexíveis e soltas. Ao mesmo tempo, os ossos cranianos levam um relaxamento suave para as meninges do cérebro e da medula espinhal (e outras estruturas ligadas a elas). Assim, a tensão excessiva das meninges do cérebro e da medula espinhal é liberada, melhorando o fluxo do fluido cerebroespinhal. Isso ajuda todo o sistema craniossacral e seu ritmo, aumentando assim as capacidades de autorregulação e autocura do corpo.

Dois exemplos:
- O relaxamento dos ossos parietais aliviará suavemente a tensão na grande área das meninges situadas abaixo da e na foice cerebral, entre outras regiões. A foice cerebral é uma inversão formada pela dura-máter entre os lados esquerdo e direito do cérebro; ela compõe a principal parte do plano vertical do sistema de membranas intracranianas do cérebro.
- A manipulação dos ossos temporais – particularmente por meio da técnica de tração suave da orelha – relaxa o cerebelo (tentório do cerebelo), que forma o plano horizontal do sistema de membranas intracranianas do cérebro.

Esses relaxamentos:
- aumentam a concentração e as habilidades de aprendizagem;
- melhoram a circulação do sangue no cérebro;
- diminuem a tensão no crânio e nas vértebras cervicais;
- auxiliam o sistema endócrino e outras funções corporais (veja as páginas 21-22).

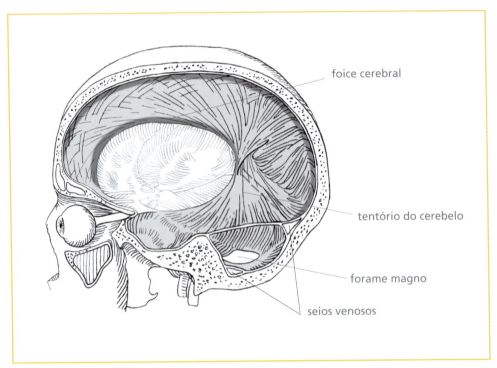

Foice cerebral, tentório do cerebelo – visão lateral

A dura-máter espinhal entre o osso occipital e o sacro

As meninges do crânio continuam após o forame magno, abaixo da base do crânio, como meninges da medula espinhal (dura-máter espinhal – separadamente: dura-máter, aracnoide, pia-máter) até alcançar o cóccix. Toda essa área é chamada de dura-máter espinhal, ou tubo dural. O ritmo craniossacral é transmitido, entre outras vias, pela dura-máter espinhal do osso occipital até o sacro, onde também pode ser palpado – isto é, sentido – se o tecido estiver livre de restrições.

A dura-máter espinhal está fixada:
- ao forame magno do osso occipital;
- dentro da medula espinhal, na região da segunda e terceira vértebras cervicais (C2/3);
- na região superior do sacro (S2).

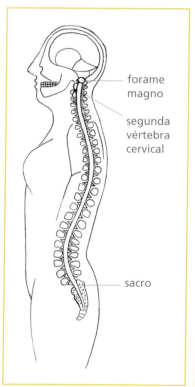

Dura-máter espinhal, membranas intracranianas com pontos de fixação

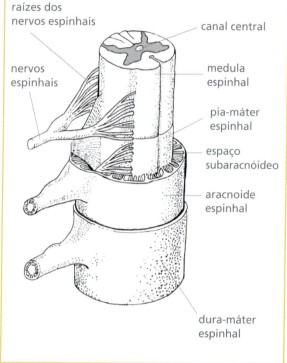

Dura-máter espinhal, aracnoide espinhal, saída de nervos espinhais, medula espinhal

O fluido cerebroespinhal

O fluido cerebroespinhal é gerado a partir do sangue arterial. Ele é produzido na rede do plexo coroide nas paredes dos ventrículos do cérebro (conhecidos como câmaras cerebrais ou ventrículos). Os fluidos são transportadores e repositórios essenciais de energia e informação. O criador da osteopatia, Andrew T. Still, afirmou: "O fluido cerebroespinhal é o mais importante elemento conhecido no corpo" e "O fluido cerebroespinhal é como luz líquida".

Na região do diencéfalo, ou terceiro ventrículo, o fluido cerebroespinhal provavelmente é influenciado pela estimulação de ambas as partes do tálamo que controlam a frequência e a atividade do cérebro. Pesquisas recentes demonstraram que o fluido cerebroespinhal transporta, por exemplo, informação hormonal da glândula pituitária (hipófise) e da glândula pineal (epífise) e a distribui por todo o sistema nervoso central. Aqui, também podemos supor interações neurológicas, que são influenciadas pela informação de todos os níveis do nosso ser, incluindo corpo, mente e alma.

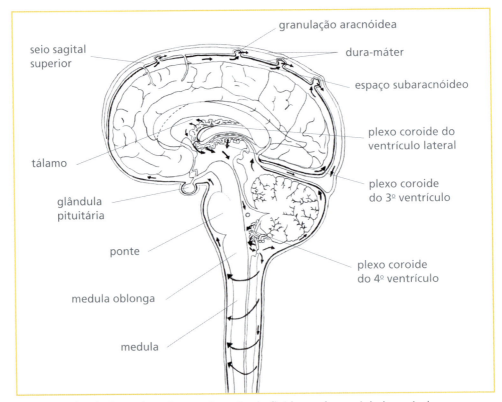

Produção, distribuição, alocação e reabsorção do fluido cerebroespinhal no cérebro

O fluido cerebroespinhal tem funções importantes:

- *Proteção:* o fluido cerebroespinhal protege o cérebro e a medula. Ele tem um peso específico semelhante ao do nosso cérebro, que pesa em torno de 1.350 g. Porém, através do fluido cerebroespinhal e do envoltório das meninges e da pressão intracraniana, é gerado um peso aparente de apenas cerca de 50 g.

- *Nutrição:* com sua rica composição – incluindo glicose e diversas proteínas e substâncias dissolvidas em sal, como sódio, cálcio, magnésio e potássio –, o fluido cerebroespinhal auxilia as funções do cérebro. Também foram detectados endorfinas e neurotransmissores no fluido cerebroespinhal.
- *Limpeza e purificação:* de quatro a sete vezes a cada 24 horas, aproximadamente 110 ml a 170 ml de fluido são renovados no sistema craniossacral. A flutuação do fluido – entre 500 ml e 700 ml são produzidos diariamente – descarta células velhas do cérebro e da medula pelo sangue venoso e pelo sistema linfático.
- *Potencial para transmitir e agir pelo sistema nervoso central:* o sistema nervoso central é auxiliado por íons metálicos como sódio, potássio e cálcio no fluido cerebroespinhal.

O fluido cerebroespinhal é reabsorvido no seio sagital (seios da dura-máter) na região da calota craniana. Com a pressão aumentada, o fluido é desviado pela granulação aracnóidea para o sistema venoso. Pelos pontos de saída dos nervos ao longo da dura-máter espinhal, o fluido pode se espalhar pelo corpo, onde é recolhido pelo sistema linfático e removido.

O sistema craniossacral e sua relação com outros sistemas corporais

O sistema craniossacral e outros sistemas corporais – circulatório (arterial e venoso), nervoso, endócrino (sistema hormonal), linfático, respiratório e sistema musculoesquelético (músculos, tecidos conjuntivos, fáscias, ligamentos, tendões, articulações) – estão intimamente ligados e influenciam um ao outro.

O relaxamento do sistema craniossacral e os movimentos sucessivamente mais pronunciados do ritmo craniossacral apoiam esses sistemas corporais individualmente e os harmonizam como um todo.

Os sistemas corporais serão afetados e equilibrados direta ou indiretamente. Por exemplo:
- Pontos de entrada e de saída de nervos cranianos obtêm mais espaço e, portanto, funcionam de forma mais completa. Isso tem um efeito positivo no processamento de todos os impulsos motores e sensoriais.
- O equilíbrio do sistema nervoso autônomo aumenta, o que reduz o estresse e auxilia o processamento de estímulos externos.

- Os músculos e os tecidos conjuntivos relaxam. Surpreendentemente, muitas inserções e ligamentos musculares estão conectados aos ossos do sistema craniossacral. O excesso de tensão nos músculos e nos tecidos conjuntivos tem um impacto no sistema craniossacral. Uma cintura escapular enrijecida, por exemplo, comprimirá as vértebras torácicas superiores, as vértebras cervicais e a transição para o crânio, o que pode afetar a postura e provocar dores de cabeça. A tensão do tecido conjuntivo também determina como o ritmo craniossacral é percebido no corpo inteiro.
- O sistema circulatório funciona melhor, o que pode evitar infarto do cérebro e ataques cardíacos.
- O fluxo da linfa melhora e contribui para a desintoxicação e a purificação do corpo.
- O sistema endócrino contribui para o controle das reações emocionais, do sono, da secreção hormonal, da temperatura corporal, do equilíbrio da água, da pressão sanguínea e da fome. Graças a pesquisas intensivas, muitas outras conexões vêm sendo descobertas. As funções vitais do sistema endócrino para o ser humano e sua influência nos níveis físico, mental e espiritual são indiscutíveis. O desenvolvimento do corpo humano e seu bem-estar dependem do bom funcionamento e do controle do sistema endócrino. Um ritmo craniossacral livre renova e estimula todas as áreas do cérebro e o corpo inteiro, de maneira sutil e de dentro para fora.

Veja mais sobre o ritmo craniossacral na Parte 3, páginas 67-72.

Diferenças entre terapia craniossacral e autotratamento craniossacral

O autotratamento craniossacral auxilia aquele realizado por profissionais craniossacrais. Para conhecer a ação dos tratamentos profissionais e seus efeitos, veja a página 138.

O autotratamento craniossacral compõe boa parte do treinamento no craniosacral_flow®, conceito desenvolvido por mim. Muitos clientes da terapia craniossacral ficam surpresos ao ver os efeitos profundos e agradáveis desse trabalho corporal tão suave. No decorrer de cerca de seis a 12 sessões, a maior parte dos clientes expande a consciência corporal. Entre um e outro tratamento craniossacral profissional, essa consciência pode ser aprofundada pela prática dos exercícios apresentados neste livro.

Orientações importantes para tratar a si mesmo

Antes de começarmos a parte prática do livro, eu gostaria de compartilhar alguns conselhos básicos para ajudá-lo com os exercícios. Dividi os tratamentos de acordo com tópicos das três seções a seguir:

Exercícios de relaxamento e automassagens (Parte 1)

São exercícios gerais para você se preparar e centrar a si mesmo de forma mais completa. Se você tem pouca ou nenhuma experiência com técnicas de relaxamento, recomendo começar com essa seção de exercícios, a fim de relaxar o sistema craniossacral de maneira predominantemente indireta. A maior parte desses exercícios é feita na posição em pé ou sentada. Eles proporcionam uma ótima preparação para todos os tratamentos descritos nas Partes 2 e 3.

Exercícios de conscientização e percepção (Parte 2)

Exercícios simples para relaxar o corpo com toques suaves e o mínimo de técnica. Eles ajudam a relaxar o sistema craniossacral indireta e diretamente. Realizados principalmente na posição deitada, eles o convidam a aumentar a consciência em todo o corpo e o preparam para os tratamentos explicados na Parte 3.

Harmonia do sistema craniossacral (Parte 3)

Seção que explica a palpação e os tratamentos para relaxar o sistema craniossacral. Em geral, eles o colocam diretamente em contato com o sistema craniossacral. Você faz esses exercícios sem forçar nada, usando um toque muito suave e cuidadoso. Eles são realizados principalmente nas posições deitada e sentada. Para iniciar a sequência de forma relaxada recomendo a utilização de alguns exercícios contidos nas Partes 1 e 2. Três exemplos de combinações de tratamento estão relacionados nas páginas 145-146.

Como fazer os exercícios

Todos os tratamentos apresentados aqui são feitos de forma suave e lenta. Você sentirá bem-estar e relaxamento se não tiver pressa, ficará atento e talvez maravilhado diante das sensações que poderão se revelar. Assim, a duração sugerida para os exercícios é relativa. Você decide, intuitivamente, se vai permanecer apenas 30 segundos ou dez minutos em cada exercício (veja as páginas 31-32 para mais detalhes).

É bom começar em estado calmo; não se force a alcançar nada. As expectativas de sucesso apenas provocarão estresse e diminuirão os efeitos dos exercícios.

Se você achar um exercício desconfortável, passe para o próximo.

Os toques lentos e suaves do tronco, do pescoço e da cabeça são tão leves quanto o bater das asas de uma borboleta.

Não comprometa a si mesmo ou ao seu sistema craniossacral usando uma abordagem rápida ou forçada. Os exercícios ou posições das mãos não são o objetivo, mas o caminho. Nesse caminho você encontrará um oásis de bem-estar, relaxamento e profunda regeneração; cada vez mais, você experimentará a unidade de corpo, mente e alma.

Se você já fez uma sessão craniossacral individual, sabe como é maravilhoso poder deitar por uma hora e parar qualquer atividade. Sua experiência durante essas sessões o ajudará a compreender a delicadeza necessária para esses exercícios quando estiver tratando a si mesmo.

Alguns dos exercícios de relaxamento realizados na posição sentada ou deitada também podem ser feitos em água quente – por exemplo, na banheira. A leveza do seu corpo e o calor da água facilitam e estimulam o processo de entrega.

As sequências devem ser realizadas com alegria e leveza. Aproveite os momentos em que você precisa fazer pouca coisa ou nada. Abandone todo o esforço e direcione a atenção para a crescente sensação de bem-estar. Eventualmente, observe as partes do seu corpo que se sentem melhor. Quando isso acontece, o caminho para o relaxamento natural fica livre, podendo se intensificar, expandir e se aprofundar. O relaxamento é um direito nosso!

Durante os exercícios, feche os olhos de vez em quando e observe como se sente. A atividade ou a técnica não são importantes; o que conta é a sua atenção plena e a percepção do crescente bem-estar, a respiração relaxada e o processo de entrega.

Os exercícios aumentam a autoconsciência e a autoestima. Eles ensinam a diferenciar pressão de toque, ao passo que "escutar seu corpo" aumenta a consciência. Isso é particularmente benéfico para os exercícios das Partes 2 e 3.

A predisposição e a capacidade de sentir e perceber nossas nuances são imensas. É por isso que não se trata de saber se podemos, por exemplo, palpar tecidos delicados ou escutar ritmos lentos do corpo. O importante é começar a confiar em nossas mãos e em nossas sensações corporais. Podemos descobrir que nossas mãos e nossa mente aberta são instrumentos sensíveis que se afinam e se aprimoram a cada toque.

Observe o relaxamento no tecido sob as suas mãos que fica:
- mais amplo;
- mais suave;
- mais quente;
- mais completo.

Quando você relaxa e sente suavemente essas estruturas no seu corpo, o "pulso terapêutico" (veja a página 81) pode ser notado, no local tocado, por meio de:
- liberação de calor ou frio;
- contração muscular;
- latejamento ou pulsação forte.

Esses sinais mostram que o tecido começou a relaxar. Ao mesmo tempo, você pode perceber:
- enrijecimento ou amolecimento do tecido;
- peso ou leveza;
- corrente ou fluxo de energia ou calor no corpo;
- imagens mentais, cores ou aromas;
- o surgimento de uma lembrança.

Observe tudo isso e mantenha a atenção no local do corpo onde suas mãos estão tocando.

Há novas sensações no tecido depois de sentir o pulso terapêutico? O que mudou? O relaxamento local mudou alguma coisa no seu corpo e/ou no seu bem-estar?

Efeitos dos tratamentos

O relaxamento fortalece o sistema nervoso autônomo por meio dos seus elementos parassimpáticos e, dessa forma, auxilia a autorregulação e a regeneração corporais. Um sistema nervoso que regula adequadamente a si mesmo oscila muito rápido entre tensão e relaxamento, dependendo da situação. Isso permite que nos recuperemos profunda e rapidamente em curtos intervalos. A força restauradora – renovadora – com a qual nos reconectamos no relaxamento é um princípio regulador natural pelo qual podemos buscar a totalidade e a perfeição. Combinados, relaxamento e autorregulação agem como uma fonte da juventude: eles estimulam nosso fluxo de energia, nossa força vital, nosso sistema imunológico e nosso equilíbrio interior.

Por exemplo, com frequência percebemos que a respiração muda, os ombros e o maxilar inferior relaxam ou começa o peristaltismo (sons do estômago-intestino). Isso mostra que a pessoa está liberando a tensão; o corpo começa a relaxar e o sistema nervoso autônomo regula a si mesmo e tem a oportunidade de se equilibrar partindo de dentro.

A mudança visível e perceptível no indivíduo vem sendo confirmada repetidamente por especialistas e pelo público geral. Muitos relatam poder relaxar mais profundamente do que antes ou, depois, sentir como se tivessem tido uma boa noite de sono. Eles também vivenciam clareza, equanimidade, contentamento, presença e foco. O interno e o externo são percebidos de maneira mais aguçada com todos os sentidos. Outros se sentem mais revitalizados, mais vivos ou percebem maior contraste e cores em sua visão – tudo graças a uma percepção aprimorada e mais sofisticada.

Muitos dos tratamentos e exercícios de conscientização a seguir constituem ao mesmo tempo um treinamento suave de consciência corporal. Eles o convidam a tratar a si mesmo e ao seu corpo com amor, a confiar nele e a escutar a sua sabedoria interior e seus diversos ritmos lentos.

É vital sentir conscientemente o relaxamento e perceber seus efeitos benéficos posteriores. A nova sensação corporal pode, assim, se aprofundar e se fixar. Observar de modo consciente a diferença do antes e do depois também permite que o cérebro armazene a nova sensação corporal. Quanto mais você se conectar a essa consciência corporal holística (auxiliado pelos exercícios deste livro), mais as mudanças positivas efetivas podem se estabelecer enquanto são fixadas neurologicamente e na mente subsconsciente. A mente e o sistema nervoso autônomo (por meio da respiração) também registrarão e memorizarão as mudanças. O relaxamento harmoniza o sistema craniossacral e auxilia todos os sistemas corporais em suas funções (veja as páginas 20 e 21).

Todos os exercícios deste livro têm efeitos em grande escala.

Eles melhoram:
- a capacidade de aprender e se concentrar;
- as funções sensoriais, motoras e o equilíbrio;
- a digestão, a purificação, a desintoxicação.

Eles beneficiam:
- a respiração livre;
- a postura, a coluna e todo o sistema musculoesquelético;
- a harmonia do corpo inteiro, as emoções e a alma.

Eles ajudam:
- no relaxamento;
- na hora de dormir;
- antes e depois de situações estressantes como um exame ou uma consulta no dentista;
- a alcançar o relaxamento mesmo com pequenas pausas bem utilizadas.

Esses são apenas alguns exemplos de uma grande variedade de situações possíveis, uma vez que os tratamentos podem afetar as pessoas de maneiras diferentes. Você encontrará mais alguns exemplos em cada exercício.

Quando você não deve tratar a si mesmo

Se você está doente ou acabou de sofrer um acidente, choque ou trauma, esses tratamentos não devem ser usados, sob nenhuma circunstância, como terapia sem monitoramento terapêutico adequado, pois nesses casos a capacidade de autorregulação do corpo está prejudicada a tal ponto que é necessária ajuda externa, seja de um médico, de um profissional alternativo, de um especialista craniossacral ou mesmo de um traumatologista. E, se porventura sentir alguma forte reação enquanto você estiver se tratando, o apoio profissional será imprescindível.

- Contraindicações para realizar tratamento na região da cabeça: veja a página 106.
- Contraindicações para *still points* na cabeça: veja a página 93.

Sobre a sequência dos exercícios

Lento, suave e delicado

Recomendo começar com um ou dois exercícios da Parte 1, "Exercícios de relaxamento e automassagens", continuar com alguns "Exercícios de conscientização e percepção" da Parte 2 e só então partir para os exercícios da Parte 3, "Harmonia do sistema craniossacral".

Se você já estiver bem relaxado ou familiarizado com a terapia corporal suave, pode escolher como começar – isto é, executar os exercícios separadamente, criar um programa individual de tratamento em qualquer ordem ou seguir a ordem sugerida aqui.

Três exemplos de combinações de tratamento são dados nas páginas 145 e 146.

Considerações importantes antes de começar

Quanto mais confortável você se sentir ao se tratar e quanto mais espaço der a si mesmo e ao seu corpo, melhor será para criar condições ideais desde o início.

Se você já fez isso algumas vezes, logo adquirirá o hábito de se preparar de forma adequada, talvez com um rápido ritual de preparação. Então, seu corpo se acomodará mais facilmente ao bem-estar e ao relaxamento.

As recomendações a seguir demonstraram ser valiosas:

Local tranquilo e seguro

Sempre faça os exercícios em um local seguro. Certifique-se de que o ambiente seja tão tranquilo, seguro e confortável quanto possível para conseguir relaxar sem perturbações ou interrupções.

Ar fresco

Antes de começar, areje rapidamente a sala, mas com cuidado, para encher o espaço com oxigênio. O ar abafado pode deixá-lo sonolento.

Temperatura da sala

Dependendo da estação do ano, pode ser uma boa ideia alterar ligeiramente a temperatura da sala. A maioria das pessoas considera confortável uma temperatura entre 20° e 24°C quando está deitada.

Atmosfera na sala

Talvez você queira acender uma linda vela, aromatizar a sala com óleos essenciais suaves ou estimular os exercícios com música adequada. Veja na página 149 algumas sugestões de músicas para os exercícios de relaxamento e tratamento.

Se possível, diminua o volume da secretária eletrônica, tire o relógio e desligue o celular – até mesmo o ruído da função de vibração pode atrapalhar.

Roupas folgadas

Vista roupas confortáveis para não restringir o fluxo livre da respiração. Você deve afrouxar ou tirar camisetas, calças, cintos apertados, relógios e joias. Não é necessário comprar roupa de ginástica, mas se tiver certamente pode usá-la. Em geral, as roupas comuns que não limitam os movimentos são adequadas.

Manta quente, pulôver

É uma boa ideia ter uma manta por perto para se cobrir no caso de a pressão sanguínea cair durante o relaxamento e/ou surgir a necessidade de se aquecer um pouco. Se os seus pés costumam ser frios, calce meias antes de começar o exercício.

Dicas práticas para os exercícios

- Primeiro respire profundamente algumas vezes para aumentar o volume respiratório.
- Continue respirando de maneira relaxada; siga o fluxo da respiração.
- Solte um pouco o maxilar inferior.
- Feche os olhos de vez em quando. Assim a sua atenção, antes absorvida pela visão, fica disponível para os outros sentidos.

Se for difícil executar alguns exercícios ou se você não se sentir confortável com eles, apenas deixe-os de lado.

Exercícios na posição em pé

Os pés ficam paralelos, na largura dos ombros. Mantenha joelhos, quadris e pelve relaxados para ficar bem apoiado.

Exercícios na posição sentada

Sente-se e ligue-se à terra pelos pés, pernas, pelve, ísquios e sacro.

Utilize um assento adequado, talvez uma almofada ou uma manta macia, onde você possa sentar confortavelmente e também adaptar a altura do assento. Uma banqueta estável é recomendada. Se você tem uma cadeira com encosto, verifique se deseja encostar ou se mover um pouco para a frente, mantendo as costas livres. Certifique-se de que a base sobre a qual você está sentado não pressiona a parte posterior das coxas. Se isso acontecer, apenas vá para a frente na direção da beirada da cadeira.

Se você for apoiar os cotovelos sobre a mesa, sente-se na altura adequada e certifique-se de que a mesa é alta o bastante. É importante não se curvar e ficar tão ereto e relaxado quanto possível. Uma manta dobrada sob os cotovelos talvez ajude.

Exercícios na posição deitada

Tenha uma base de apoio macia e confortável. Se não houver uma cama ou mesa de massagem próxima, use uma colcha macia, um tapete para ioga, um futon, um colchonete plástico (um simples saco de dormir, um colchonete para ginástica ou uma espuma de borracha coberta com lençol) ou um colchão de ar.

Almofada ou apoio para a cabeça: quando estiver deitado de costas ou de lado, descanse a cabeça sobre uma almofada confortável ou uma manta dobrada, posicionados em uma altura cômoda.

A maior parte dos exercícios na posição deitada é realizada quando se está deitado de costas.

Para diminuir a tensão nas costas e no corpo, enrole uma manta e coloque-a sob os joelhos. Se preferir, coloque uma ou mais mantas sob os joelhos ou as pernas para elevá-los um pouco. Perceba onde e como o seu corpo toca a base de apoio da cabeça aos pés.

Assuma uma postura que não force as costas

Ao deitar ou se levantar, nunca force as costas.

Deitar

Quando estiver sentado, gire o corpo para o lado, deitando sobre a mesa ou outra superfície.

Levantar

Movimente-se para uma posição lateral – gire o corpo para o lado – e sente-se lentamente.

Dê tempo a si mesmo para que o equilíbrio e a circulação do sangue se adaptem à mudança e para que você possa perceber as novas sensações corporais enquanto se levanta e, depois, enquanto caminha.

O fator tempo

Cada tratamento vem com uma duração recomendada. Essa duração não é obrigatória; por favor, adapte-a às suas necessidades. Enquanto se familiariza com as partes do corpo e os exercícios e a conscientização da sua percepção se aprofunda, a realização dos exercícios pode demorar um pouco mais. Quanto mais você se familiarizar com os exercícios e mais os perceber, mais intuitivamente vai usá-los; o tempo torna-se secundário.

Se houver necessidade de voltar ao mundo real tão logo o relaxamento termine – para um compromisso importante, por exemplo –, recomendo acionar um alarme. Um despertador com tique-taque quase inaudível o ajudará a não ser constantemente lembrado do tempo e lhe permitirá continuar no "tempo atemporal" tanto quanto possível.

Reserve um tempo suficiente após os tratamentos

Identifique

No final dos exercícios, fique cinco minutos ou mais sem fazer nada para identificar ou acompanhar a sensação. Esses momentos valiosos de quietude aprofundam a experiência. Além disso, podem ajudá-lo a relaxar mais rápida e facilmente na próxima vez, pois corpo, mente e alma se lembrarão desse estado natural. Perceber conscientemente as diferenças e as mudanças (antes e depois) também ajuda a manter melhor a experiência de relaxamento.

Depois de cada relaxamento profundo reserve tempo suficiente para se readaptar à realidade da vida cotidiana.

Energize a si mesmo – tornando-se de novo ativo na vida cotidiana

Recomendo fazer a mudança do relaxamento para a atividade com suavidade protegendo-se da agitação do dia a dia. Você também deve ser capaz de reagir conscientemente ao ambiente no caso de ter de dirigir depois.

A respiração mais profunda e ligeiramente mais rápida oferece mais oxigênio e, assim, mais energia e prontidão. Os exercícios de relaxamento na Parte 1 podem ser revigorantes quando feitos um pouco mais rápido.

Exercícios de relaxamento e automassagens

Exercícios gerais de relaxamento

Para experimentar o máximo possível de alegria e relaxamento com os exercícios a seguir, recomendo a leitura dos capítulos "Introdução" (páginas 13-15) e "Orientações importantes para tratar a si mesmo" (páginas 23-32). As informações contidas nesses capítulos são valiosas e devem ser levadas em consideração em todos os exercícios a seguir.

A maior parte dos exercícios da Parte 1 pode ser realizada na posição em pé; alguns podem ser feitos na posição sentada ou deitada.

Sacuda, solte, alongue e ajuste o corpo

Gatos, cães e outros bichos diariamente nos dão um exemplo: com prazer, eles se espreguiçam e se alongam diversas vezes por dia. Parece que podemos aprender muito com os animais, em particular os de estimação; instintivamente, eles fazem o que é bom para eles.

Assim que tiver superado qualquer relutância inicial com respeito aos exercícios, sua situação pode mudar e talvez você experimente muita alegria e energia, inclusive episódios eufóricos de felicidade. Combinados com fortes inspirações e expirações, os exercícios de relaxamento também têm efeito revitalizante.

Todos os movimentos nos exercícios têm o objetivo de fazer você se sentir bem!

> **Os exercícios de relaxamento a seguir contribuem para:**
> - músculos das pernas e da pelve relaxados para você ficar ligado à terra, e ao mesmo tempo móveis e flexíveis;
> - assoalho pélvico suave e forte;
> - músculos das nádegas e quadris livres, confortavelmente tonificados;
> - equilíbrio e postura corporal integrada;
> - flexibilidade do sacro, da pelve e da coluna vertebral;
> - tronco, ombros e região do pescoço relaxados até a base do crânio;
> - melhora na função do diafragma, da respiração e do sistema craniossacral.

Sacuda e solte o corpo 2 min

em pé, também sentado

Como fazer o exercício

1. Sacuda os braços e as mãos lenta e livremente. Seus ombros, cotovelos, punhos e mãos – inclusive os dedos – são muito flexíveis. Você pode liberar toda a tensão nessas áreas sacudindo-as delicadamente e ao fazer isso, de forma consciente, exale toda a tensão.
Se estiver em pé, coloque o peso sobre uma das pernas e sacuda levemente a perna e o pé levantados. Então, mude de lado e repita o exercício com a outra perna, mantendo o joelho e as articulações do tornozelo soltos, bem como o pé e os artelhos. Se estiver sentado, sacuda levemente os pés, um de cada vez.
2. Apoie-se nos pés e faça movimentos suaves para a frente e para trás a partir dos joelhos e do quadril a fim de soltar a pelve; deixe esse movimento ascender pelo tronco, ajudando a sacudir e a soltar a região dos ombros, pescoço, braços, mãos e dedos. Depois de algum tempo os movimentos podem se tornar independentes – seu corpo pode realizá-los à medida que a respiração flui. Solte o maxilar inferior enquanto observa e relaxa.

Sacudindo e soltando o corpo

Dê tapinhas, sacuda e faça vibrar os músculos

2 min

em pé, também deitado

Durante longos períodos na posição sentada e tensa, os músculos, tendões e ligamentos da pelve e das coxas costumam ficar contraídos, encurtados e/ou rígidos.

Como fazer o exercício

Usando os braços, punhos e mãos, solte todos os músculos pélvicos e das coxas dando tapinhas, sacudindo e vibrando. Como preparação, ativamente solte as articulações dos punhos, ombros e cotovelos sacudindo-os de leve. Para evitar problemas, não faça esse exercício se tiver dor no nervo ciático, na região lombar ou veias varicosas.

1. *Dê tapinhas nos músculos alternadamente:*
   - com as mãos abertas, levemente em concha e com os punhos soltos; ou
   - com as mãos levemente fechadas.

Certifique-se de que as articulações estejam flexíveis, deixando a palma das mãos e os punhos balançar fácil e livremente com os movimentos de tapinha que nascem nos antebraços.

Dê tapinhas ritmados e relativamente rápidos com as palmas ou as mãos fechadas de leve:
- nos músculos das coxas, na frente e atrás;
- nos músculos laterais da pelve;
- ao redor do trocânter maior, de maneira bem delicada;
- em todos os músculos pélvicos, em especial nos locais onde sentir muitos músculos;
- lateralmente ao longo do sacro, e então com delicadeza sobre ele.

Evite totalmente as articulações, ou solte-as/vibre-as apenas muito de leve, com as palmas das mãos abertas (veja as fotos).

Tapinhas leves nas nádegas e no sacro

Esquerda: com as palmas das mãos abertas
Direita: com as mãos levemente fechadas

2. Sacuda levemente o corpo nos mesmos locais onde deu tapinhas antes. Para isso, abra as palmas para tocar o máximo possível de pele e músculo. Sem deslizar sobre a pele, sacuda o músculo sob as mãos, para a frente e para trás, ritmada e rapidamente. Preste atenção ao movimento próprio dos músculos e ceda (envolva-se no) ao seu ritmo enquanto estiver sacudindo.

3. Vibre de maneira semelhante ao movimento de sacudir, mas de forma um pouco mais suave. Não mova os músculos ritmadamente para a frente e para trás, procure vibrar de leve o músculo na superfície. Aprofunde e intensifique o toque nos tecidos musculares, vibrando e soltando as estruturas mais profundas.

Alongue e ajuste o corpo   2 min ou mais

em pé, sentado, deitado

Como fazer o exercício

Sem forçar demais, conecte-se com o tônus leve, positivo no corpo, que você sente quando se alonga e se ajusta. Com exercícios lentos, agradáveis, como espreguiçar, esticar, ajustar, bocejar, suspirar e exalar a tensão, expulse a rigidez que você experimentava e abandone-a com prazer. O delicioso alongamento e os movimentos de ajuste tornam-se cada vez mais fluentes e se expandem pelo corpo todo. O tronco e todas as extremidades podem ser incluídos. Enquanto estiver fazendo isso, expire e inspire de forma vigorosa de vez em quando.

Alongando e ajustando o corpo confortavelmente

Bocejos

Abra e feche o maxilar inferior algumas vezes e boceje intensa e ruidosamente. Expire toda a tensão e a cada inspiração junte ar fresco e energia.

Dê tapinhas no timo   1 min

em pé, sentado, deitado

A glândula timo está situada sob a metade superior do osso esterno. Órgão importante do sistema linfático, produz linfócitos T e é fundamental para o sistema imunológico, para o crescimento do corpo e para o metabolismo dos ossos.

Há milhares de anos, os gregos sabiam que o timo influencia a energia vital do corpo. A palavra grega *thymos* significa "força vital, vida, alma, mente". Em períodos de doença e estresse, o timo reage diminuindo de tamanho. Em fases de harmonia, equilíbrio entre corpo, mente e alma e quando sentimos amor, alegria, segurança, fé ou confiança, o timo aumenta de tamanho. Como um elo entre mente e corpo, ele parece reagir a belas palavras e à música expandindo-se.

Como fazer o exercício

Tapinhas delicados no esterno estimulam o timo e a sua função. Ao fazer isso, relaxe o maxilar inferior e deixe a respiração fluir.

Dando tapinhas no timo

Automassagens

Como todos os exercícios deste livro, as automassagens só se tornam agradáveis se forem feitas com calma e sem concentração excessiva. Deixe a respiração fluir livremente e feche os olhos de vez em quando enquanto se massageia para perceber a sensação de forma mais nítida.

Comece lentamente e sem muita pressão. Você conseguirá aumentar a velocidade e a pressão aos poucos enquanto observa. Isso é recomendado para não desviar a atenção e para que o corpo não produza hormônios do estresse desnecessários devido à pressão muito rápida ou muito forte. Massageie a si mesmo com amor. Pare de vez em quando e toque a área massageada – apenas escutando.

A automassagem é uma boa maneira para aprendermos a diferenciar várias intensidades de pressão e para nos tocarmos com o único propósito de escutar. Isso também é útil para os tratamentos das Partes 2 e 3.

Massagem nos pés — 2-10 min

sentado; também deitado, dependendo da mobilidade da região inferior do tronco e da região do quadril

Presenteie-se com uma agradável massagem nos pés – de preferência diariamente – nos intervalos ou antes de iniciar sua rotina. Óleos naturais de massagem, como óleo de amêndoas, de arnica ou de jojoba, são benéficos, mas não obrigatórios.

Essa automassagem contribui para:
- pés e tornozelos flexíveis;
- postura e modo de andar saudáveis;
- prevenção de disfunções que podem se deslocar pela pelve e pelo sacro até a base do crânio;
- fornecimento de sangue saudável aos órgãos, por meio das zonas reflexas dos pés.

Como fazer o exercício

Massageie os pés de maneira agradável; varie a velocidade e a pressão de acordo com a sua preferência. Massageie e alongue suavemente todos os artelhos, até mesmo as articulações, do centro do pé em direção às extremidades. Inclua a parte da frente do pé bem como o calcanhar, o tornozelo e o tendão de aquiles. Segurando o tendão de aquiles com as duas mãos ao longo da sua extensão, massageie-o com movimentos suaves e alongue-o com delicadeza.

Mesmo sem conhecer as muitas zonas reflexas e os pontos de acupuntura ou os meridianos, uma massagem total nos pés lhe possibilitará ativar automaticamente vários desses pontos de energia.

 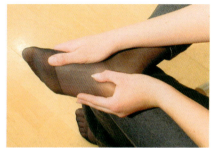

Massagem nos pés

Relaxe o arco costal (costelas inferiores)   1 min
sentado, deitado, também em pé

Nosso principal músculo respiratório, o diafragma, está localizado ao longo da região inferior do arco costal. Um diafragma livre e relaxado nos ajuda a respirar completamente.

Seu tônus e sua flexibilidade contêm muitas informações a respeito do corpo, emoções, mente e alma. Diante da alegria ou do prazer o diafragma ressoa diferente do que diante do choro, do medo ou da dor. Ele recebe todos os impactos, mas também sabe descontrair – por exemplo, quando estamos rindo ou fazendo a "respiração circular" relaxada (veja a página 51).

Essa automassagem contribui para:
- movimentos respiratórios livres no tórax e na barriga;
- maior movimento de diversos órgãos;
- a permeabilidade de todo o tronco;
- purificação, digestão e vitalidade;
- a expressão espontânea, tanto verbal quanto não verbal.

Como fazer o exercício

Deslize as mãos pela região inferior do arco costal, de dentro para fora, relaxando o tecido na superfície próxima do diafragma.

1. Sentado ou deitado confortavelmente, respire fundo algumas vezes e sinta o movimento da respiração descendo até a pelve. Concentre-se nos ísquios, nas pernas e nos pés e em sua conexão com a terra.
2. Explore, com a ponta dos dedos das duas mãos, de que maneira a região inferior do seu arco costal se estende para fora dos dois lados do corpo. Perceba a estrutura e o tônus da região inferior do arco costal e sinta como ele avança. Observe como a respiração movimenta o corpo continuamente, expandindo-o e contraindo-o.
3. Com os dedos das duas mãos apoiados na metade da região inferior do arco costal, observe a respiração fluindo para dentro e para fora, sem modificá-la.

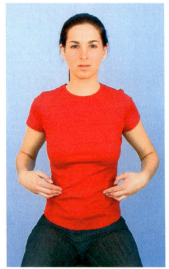

Deslizando a mão na região inferior do arco costal

O melhor momento para deslizar a mão na região inferior do arco costal é quando você está expirando. Na próxima expiração, comece suavizando o tecido ao longo do arco costal para a esquerda e para a direita simultaneamente (com a mão esquerda acompanhando o arco costal esquerdo e a mão direita acompanhando o arco costal direito). Depois, complete alguns ciclos respiratórios para explorar essa sensação. Desse modo você pode deslizar as mãos ao longo do arco costal algumas vezes e aumentar ou diminuir a intensidade do toque.

Massagem na barriga 2-5 min

sentado, deitado, também em pé

Descobertas científicas recentes confirmam a pesquisa de Gerda Boyesen, fundadora da Terapia Corporal Biodinâmica: portamos um "cérebro da barriga", que tem pelo menos tantas células nervosas à disposição quanto o "cérebro da cabeça". É por isso que falamos em "frio na barriga" ou "calor no estômago" ou dizemos que "não temos estômago" para alguma coisa. Quando gostam do alimento, as crianças do mundo todo agem do mesmo jeito: esfregam as mãos na barriga em sentido horário. É o mesmo que dizer: "Humm, isso é bom!"

Essa automassagem contribui para:
- o relaxamento de órgãos na região da barriga e da pelve, em especial o cólon;
- ação e movimentação adequadas em todo organismo, nas fáscias e nos tecidos conjuntivos transversos;
- a ação do plexo solar;
- o funcionamento do nervo vago e de suas cerca de 31 mil fibras nervosas que sobem na direção do cérebro.

Como fazer o exercício

1. Depois de se concentrar e se ligar à terra, observe algumas vezes como a respiração flui para dentro e para fora. Note os movimentos da respiração na barriga, na pelve e no peito.
2. Deslize as mãos ao longo do grande músculo abdominal da metade da região inferior do arco costal até a pelve.
   Comece como no exercício anterior, "Relaxe o arco costal" (páginas 39-40), posicionando a ponta dos dedos no meio da região inferior do arco costal (área que permite um toque particularmente sensível). Use toda a superfície dos dedos, uma vez que o músculo abdominal é bem grande. Você pode repetir essa massagem diversas vezes. É bom acompanhar esse grande músculo em sua progressão até a pelve durante a expiração: observe a fase de inspiração e então, quando expirar, massageie a partir do meio da região inferior do arco costal no meio da barriga descendo em direção ao osso púbico/pelve, em uma extensão de aproximadamente cinco a dez centímetros.

3. Com a superfície dos dedos, massageie suavemente boa parte da barriga no sentido horário; se achar confortável, use toda a superfície dos dedos e da palma das mãos. Esse toque suave acompanha o contorno do abdome. O cólon está na região inferior direita do abdome, sobe pelo lado direito, continua até o lado esquerdo e então desce pela região superior esquerda até a região inferior esquerda.

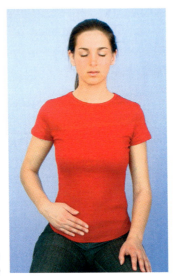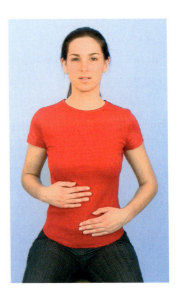

Massagem na barriga no sentido horário

Coloque uma das mãos no ponto inicial da região inferior direita, acima do grande osso pélvico onde o cólon começa. Reserve tempo suficiente para que sua mão possa se conectar confortavelmente com a superfície que ela toca na região inferior direita. Como está o tecido nesse local?

Agora comece com movimentos circulares lentos, suaves, no sentido horário. A mão sempre permanece em contato com a barriga. Depois, você poderá aumentar a intensidade do toque e acelerar um pouco, se desejar. Se for confortável, faça mais cinco, dez ou 20 movimentos circulares.

De vez em quando use a outra mão. Assim que estiver familiarizado com essa sequência, você pode fechar os olhos e direcionar a atenção para sua consciência corporal holística. A massagem na barriga no sentido horário pode ser ocasionalmente combinada com a massagem no grande músculo abdominal e com o relaxamento do arco costal.

Palpe, relaxe e massageie os músculos da mastigação

3-10 min

sentado, deitado, em pé

Os músculos da mastigação ficarão particularmente agradecidos se os relaxarmos de vez em quando. Eles não somente retesam quando mastigamos, mas também reagem ao estresse e expressam a nossa tensão enrijecendo. Os músculos do maxilar e das articulações refletem experiências difíceis como "travar os dentes" e "comer mais que a boca", "fazer cara amarrada". Essa tensão às vezes se expressa no bruxismo. Em situações estressantes, como discussões acaloradas, a tensão elevada pode ser vista no retesamento dos grandes músculos da mastigação, o masseter e o temporal. O masseter, que liga os maxilares inferior e superior e nos permite morder, é o músculo mais forte do corpo – algumas vezes os artistas de circo o utilizam para sustentar o peso do corpo inteiro! O grande músculo temporal se estende lateralmente ao longo da cabeça na direção da extremidade do crânio.

A articulação do maxilar, assim como todo o sistema craniossacral, se beneficia do relaxamento dos músculos da mastigação. O grande músculo temporal começa no maxilar inferior, conecta-se com a asa maior do osso esfenoide, estende-se lateralmente sobre o osso frontal e abrange uma grande região dos ossos parietal e temporal.

Essa automassagem estimula:
- o relaxamento dos músculos da mastigação mencionados;
- indiretamente, o relaxamento de outros músculos da mastigação, bem como ligamentos e tendões afetados nessa operação;
- a mobilidade das suturas cranianas;
- o ritmo craniossacral dos ossos parietal e temporal, bem como do osso esfenoide;
- a estática da base do crânio;
- a função da articulação atlanto-occipital.

Como fazer o exercício

Nós relaxamos os músculos da mastigação com a palpação simples e consciente da tensão, assim como com massagem leve e suavizante nesses músculos, ligamentos, tendões e na fáscia.

A) Palpe e toque os músculos da mastigação (músculo temporal, masseter)

1. É muito fácil palpar ambos os músculos. Coloque as mãos abertas nas laterais da cabeça. Posicione as palmas lateralmente sobre os maxilares inferior e superior, com a superfície dos dedos nas laterais da cabeça na frente e acima das orelhas. O polegar pode ficar ao redor do ouvido externo, porém deve permanecer passivo. Com a superfície das mãos e dos dedos você toca uma grande área do tecido. Qual é a sensação nessa área? Como você a percebe isolando-a da tensão adicional dos músculos da mastigação? Agora, cerre os dentes rapidamente cerca de três vezes e palpe o tônus do masseter na região do maxilar e do músculo temporal na lateral da cabeça. Como é a sensação nos músculos da mastigação retesados? Libere toda a tensão.
2. Relaxe os músculos da mastigação tocando-os na lateral com a palma das mãos, então solte um pouco o maxilar inferior. Conscientemente, exale a tensão que você experimentava (percebeu).
3. Ensaie um bocejo. Depois que a superfície das palmas e dos dedos das mãos entrar delicadamente em contato com a grande região na lateral da cabeça, abra e feche suavemente o maxilar inferior algumas vezes. Aumente um pouco a respiração enquanto faz isso, continue o lento abrir e fechar do maxilar inferior e aproveite um grande bocejo!

B) Relaxe os músculos da mastigação

1. *Músculo temporal*: palpe e toque delicadamente uma grande área dos músculos temporais com a superfície dos dedos. Cerre os dentes por um momento. Qual é a sensação nessa área? Agora pressione a ponta dos dedos sobre o grande músculo temporal e lentamente massageie-o na direção das extremidades da cabeça. Repita essa massagem algumas vezes. Ao fazê-lo, libere de novo o maxilar inferior e aproveite o efeito relaxante.

Massageando os músculos temporais na direção do topo da cabeça

2. *Masseter:* com a superfície dos dedos de ambas as mãos, palpe ao mesmo tempo o maxilar superior, o masseter e o maxilar inferior nas laterais da cabeça. Posicione a ponta dos dedos no arco zigomático. Toda a superfície dos dedos faz um contato suave com a pele e a estrutura abaixo (você pode sentir ossos, músculos ou tecido). O masseter está ligado à face interna

do arco zigomático e se estende até a face externa do maxilar inferior. Você pode senti-lo facilmente cerrando os dentes repetidas vezes. Depois que a superfície dos dedos estiver confortavelmente conectada a uma grande área do arco zigomático e ao masseter, massageie o masseter na direção do maxilar inferior acompanhando a sua direção. Ao fazer isso, solte ligeiramente o maxilar inferior enquanto inspira e expira e sente como os ombros sobem e descem. Permaneça relaxado e solto na região dos ombros, do pescoço e dos braços.

Cotovelos apoiados: relaxando o masseter para baixo

3. *Suavize/"alise o rosto":* agora permita-se continuar o relaxamento de modo ainda mais suave. Quer você esteja em pé ou sentado, use o peso dos braços para permitir que a superfície dos dedos que tocam a região das bochechas deslize devagar em direção aos pés. Desse modo, a palma das mãos conectada com o masseter desliza lentamente para baixo, dos dois lados, ao longo da borda do maxilar inferior. Assim, você relaxa confortavelmente o masseter. Repita esse movimento algumas vezes. Dedique um tempo a isso; observe como a superfície dos dedos, em especial as digitais, desliza lentamente para baixo e assim relaxa esse músculo da mastigação na direção em que ele se estende.

Ao fazer isso, feche os olhos de vez em quando para sentir o relaxamento e o fluxo da respiração internamente.

  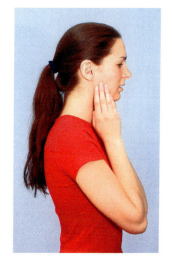

Relaxando o masseter/"alisando o rosto"

C) Massageie os músculos da mastigação

Uma vez que você já palpou e relaxou os músculos temporais e o masseter na direção em que eles se estendem, está familiarizado com a posição exata e a tensão de cada um. Agora massageie os músculos temporais e o masseter ao longo da sua direção. Comece lenta e suavemente. Depois você pode aumentar e variar a intensidade do toque e a velocidade. Sempre permaneça como é confortável para você. Repita a massagem algumas vezes.

A palpação, o alisamento e a massagem dos músculos da mastigação podem ser repetidos com a frequência que você desejar.

Bocejo vigoroso, amplo

O bocejo espontâneo entre os exercícios tem um maravilhoso efeito de liberação em todos os músculos da mastigação e auxilia o relaxamento do corpo inteiro. Como no relaxamento, você não pode forçar o bocejo, mas pode "convidá-lo" entregando-se. Os cães e os gatos regulam a tensão-relaxamento diversas vezes ao dia com grandes bocejos, alongamentos e estiramentos, entre outras coisas – e não apenas ao acordar! O bocejo é uma reação relaxante natural do corpo. Às vezes ele é acompanhado de liberações involuntárias como lágrimas, tosse, espirros, suspiros ou bocejos repetidos.

Massagem no couro cabeludo — 2-5 min

em pé, sentado, deitado

Muitas pessoas têm o couro cabeludo tenso. Aqueles que já receberam automassagens capilares agradáveis no cabeleireiro sabem como elas são gostosas e quanto auxiliam no relaxamento. Um couro cabeludo muito tenso e rígido com frequência indica tensões e restrições não somente no crânio, mas também na base do crânio e na região do pescoço e dos ombros.

Essa automassagem contribui para:
- um couro cabeludo mais solto;
- melhor circulação sanguínea e purificação do couro cabeludo;
- a prevenção de calcificação dos ossos e suturas cranianas;
- a ativação de pontos de acupuntura de diversos meridianos;
- mais espaço para a fáscia, os ligamentos e os músculos ligados ao couro cabeludo, particularmente a superfície externa dos ossos e das suturas cranianas; isso pode melhorar a qualidade do ritmo craniossacral.

Como fazer o exercício

Massageie o couro cabeludo como se estivesse lavando os cabelos sem água (se quiser, use óleo natural para cabelos), mas de maneira mais suave e lenta.

1. Sinta o couro cabeludo com a ponta dos dedos. Reserve um tempo para que elas possam se conectar bem com o couro cabeludo. Então comece a deslizar o couro cabeludo lenta e sistematicamente para o lado – se possível sem tirar a ponta dos dedos do ponto de contato. Assim você não pressiona o crânio ou as suturas, mas simplesmente desliza um pouco o couro cabeludo.
2. Use movimentos circulares pequenos e leves, sem deixar que a ponta dos dedos deslize. De vez em quando mude a posição dos dedos e massageie as diversas áreas do couro cabeludo. Preste atenção nas zonas acima da testa, ao lado da cabeça, na calota craniana e na parte de trás da cabeça. Uma vez ou outra feche os olhos, solte o maxilar inferior e deixe a respiração fluir.

Massagem no couro cabeludo

Massagem nas orelhas 2-5 min
em pé, sentado, deitado

Após trabalhar o couro cabeludo, massageie as aurículas e os lóbulos com três dedos de cada mão, procurando sentir as diversas formas da aurícula, por dentro e por fora. A leve massagem na orelha aumenta a circulação sanguínea e ativa zonas reflexas.

Exercícios de conscientização e percepção 2

Exercícios para aumentar a consciência corporal

A informação introdutória para a prática de conscientização e percepção a seguir pode ser encontrada no início dos exercícios da "Introdução" (páginas 13-15) e em "Orientações importantes para tratar a si mesmo" (páginas 23-32).

Os exercícios desta seção podem ser feitos principalmente nas posições sentada ou deitada. Se você achar alguns exercícios difíceis ou desconfortáveis, apenas deixe-os de lado.

Respiração

A respiração é a companheira mais leal ao longo de nossa vida. Embora seja controlada pelo sistema nervoso autônomo, ela também pode ser influenciada de maneira arbitrária. Além disso, a respiração reflete nossa orientação existencial e nossa vida emocional. Ela liga o nosso "interior" ao "exterior".

Escute e observe conscientemente como a respiração flui para dentro e para fora.

Essa é uma das meditações e exercícios mais antigos para treinar a consciência. Há cerca de 3 mil anos, Buda praticava a meditação *vipassana* (em que se observa a respiração para meditar). Hoje muitos meditadores também utilizam a respiração como porta para ampliar a consciência – independentemente da respectiva tradição ou método de meditação.

No Ocidente, existem diversos métodos de respiração – por exemplo, as práticas de Middendorf, a respiração holotrópica e a respiração consciente/de renascimento. As práticas do Oriente, como a ioga ou o *chi kung*, que visam melhorar a saúde, utilizam a respiração como elemento fundamental dos exercícios.

Sinta e observe a respiração

2-10 min ou mais

sentado, deitado, também em pé

Escutar a respiração é um exercício de focalização que muitas vezes conduz a uma respiração mais regular e completa. A atenção desvia do raciocínio para a consciência corporal e assim, naturalmente, ele diminui a ponto de os pensamentos só aparecerem de vez em quando. Quando observamos nossa respiração, direcionamos a consciência para dentro e nos reconectamos cada vez mais com a essência do nosso ser.

A respiração livre estimula:
- a flexibilidade e o equilíbrio em geral, mas particularmente:
    - da coluna vertebral e da dura-máter espinhal,
    - das camadas laterais do tecido conjuntivo no assoalho pélvico,
    - do diafragma,
    - da região dos ombros/pescoço até a base do crânio,
    - dos músculos e ligamentos da abertura superior da caixa torácica até a base do crânio;
- o fluxo de fluidos corporais e purificação;
- as funções dos órgãos;
- a vitalidade.

Como fazer o exercício

1. Ligue-se à terra e centralize-se. Observe a sua respiração enquanto ela flui para dentro e para fora. Deixe-a fluir naturalmente. Você respira mais pelo tórax ou pela barriga?
2. Respire um pouco mais profundamente pelo tórax, indo até a barriga e a pelve. Depois de respirar de maneira mais completa algumas vezes, deixe de lado qualquer ação intencional e observe sua respiração enquanto ela flui para dentro e para fora por si mesma. Onde e como você sente os movimentos da sua respiração? Feche os olhos de vez em quando para perceber melhor e mais internamente a sua respiração. Depois de algum tempo você pode conectar as inspirações e as expirações sem nenhuma pausa entre elas. Isso também é chamado de "respiração circular" (veja o exercício a seguir).

Respiração circular

2-10 min ou mais

sentado, deitado

Como fazer o exercício

1. Com a respiração circular conectamos as inspirações e as expirações. A respiração é circular e uniforme, sem nenhuma pausa entre a inspiração e a expiração. Talvez a imagem mental de um círculo ajude: a primeira metade do círculo corresponde à inspiração e a segunda, à expiração.
2. Você respira mais pelo tórax ou pela barriga? Permita-se respirar um pouco mais profundamente no peito, depois na barriga e na pelve. Após algumas respirações completas, deixe de lado qualquer ação intencional, vá para a respiração circular e observe o fluxo natural da respiração.
3. De vez em quando, coloque as mãos sobre a região da pelve, da barriga ou do peito, dando mais atenção e espaço à respiração nessas áreas.

O exercício "Relaxe o arco costal" (página 39) pode ser usado antes, ao longo ou depois da respiração circular.

Sobre a velocidade: a respiração mais lenta tem um efeito calmante, de ligação com a terra e de centralização. A respiração um pouco mais rápida e profunda permite usar essa prática como exercício ativo com o propósito de armazenar energia e vitalidade. As sequências de práticas respiratórias também podem ser combinadas com exercícios de direcionamento de energia (por exemplo, respiração pelos chacras, respiração *prana/chi*).

Ambos os exercícios de respiração são úteis para diversos outros tratamentos:
- como preparação;
- entre os outros exercícios;
- combinados com outros exercícios;
- como período para se centralizar no intervalo entre os exercícios para perceber as diferenças (antes e depois).

Não importa se você escuta a respiração ou o ritmo craniossacral; ambos podem servir de meditação!

Recursos: conectar-se conscientemente com fontes de poder

qualquer duração

em pé, sentado, deitado

Recursos são fontes internas e externas de poder nas quais você pode confiar para obter força e autoconfiança renovadas nos bons e nos maus momentos. Toda pessoa experimenta e define fontes individuais de poder. Os recursos internos consistem, por exemplo, em:

- uma confiança básica na vida;
- uma grande fé;
- espontaneidade, receptividade às coisas novas;
- equanimidade.

Entre os recursos externos estão:

- a natureza;
- nosso parceiro ou bons amigos;
- animais de estimação;
- *hobbies*.

Aqueles que se conectam com seus recursos internos e externos conseguem perceber de que maneira o humor e a percepção corporal se modificam. Esse é um exercício fortalecedor, uma vez que nossos recursos influenciam direta e em parte automaticamente nossos pensamentos e sentimentos – em suma, o modo como percebemos e experimentamos nosso corpo.

Estar em contato com nossos recursos significa não ver o copo meio vazio, mas meio cheio. Você sobreviveu a momentos difíceis – e na maior parte dos casos eles poderiam ter sido piores. Então, o que o tornou forte o bastante para persistir?

Uma parte ou região do corpo que se sente muito bem e confortável também pode ser um recurso.

Como fazer o exercício

1. Ligue-se à terra e centralize-se, observando a respiração enquanto ela flui para dentro e para fora. Agora, lembre-se:
    - de um lindo encontro;
    - de uma experiência esplêndida com a natureza;
    - da mensagem alegre mais recente que você recebeu.

2. Perceba o que muda em você fisicamente enquanto pensa ou se conecta a essa experiência, essa fonte de poder. Sinta, por exemplo, como a sua respiração se torna mais relaxada e completa, ou como a postura, a tensão muscular, a sensação de calor e a expressão do rosto mudam.

3. Permaneça com a sua lembrança, a sua fonte de poder e o sentimento ligado a ela. Com os olhos abertos ou fechados, perceba onde o seu corpo se sente confortável, relaxado, amplo, quente e agradável. Reserve um tempo para que essa nova sensação corporal possa se aprofundar e expandir. Auxilie essa sensação colocando uma ou ambas as mãos sobre a parte do corpo onde você sente a mudança. Concentre-se nessa região do corpo. Se julgar adequado, mova as mãos com a mesma atenção para outras regiões do corpo que também relaxaram.

De vez em quando, conecte-se com seus recursos na vida diária, bem como antes e ao longo dos tratamentos. Se, por exemplo, você sentiu a região do umbigo de maneira profunda e confortável, pode lembrar-se disso e focalizar o abdome em situações difíceis.

Sinta os pés, as pernas, a pelve, o sacro: ligue-se à terra, centralize-se e conecte-se   2-5 min

sentado, deitado, em pé

Como fazer o exercício

Dirija sua atenção para a metade inferior do seu corpo. Ligue-se à terra e centralize-se, sentindo a conexão dos pés e das pernas com a pelve e o sacro. Conscientize-se da unidade formada pela parte inferior do seu corpo. Durante o exercício, deixe a respiração conectada fluir (sem pausa entre inspirações e expirações) e relaxe ligeiramente o maxilar inferior.

1. Sinta os pés e o local onde eles tocam o chão ou outra superfície. Você sente os pés leves ou pesados, quentes ou frios, amplos ou limitados? Entregue o peso deles à terra.
2. Sinta as pernas e a sua conexão com a terra por meio dos pés. Elas estão leves ou pesadas, quentes ou frias, amplas ou limitadas? Entregue o peso das pernas à terra.
3. Sinta toda a pelve. Observe:

- onde ela toca a superfície;
- onde e quanto peso da pelve é entregue à base sobre a qual ela descansa;
- os lados direito e esquerdo dela;
- o osso púbico com a sínfise no meio;
- o sacro, que liga a espinha dorsal à pelve;
- toda a região da pelve, tridimensional e espacialmente.

Agora sinta de novo a pelve conectada com as pernas, os pés e toda a superfície. Conscientemente entregue o seu peso; confie na terra.

Continue com o fluxo da respiração, a boca ligeiramente aberta.
- Como você percebe a estrutura do seu corpo?
- Como você sente a pele, os músculos, os ossos, as articulações?

Com mais experiência você será capaz de distinguir essas diferentes camadas corporais e então voltar à consciência corporal holística (veja a página 65).

4. Volte a atenção para o sacro, que você já palpou na região da pelve. Conscientize-se de toda a estrutura óssea desse "osso sagrado" (*sacrum*). Sinta a superfície de ligação do sacro:
   - para cima, pela espinha dorsal, até a vértebra lombar inferior (articulação lombossacral, L5-S1);
   - lateralmente até os ossos do quadril.

5. Enquanto percebe o sacro holisticamente, sinta toda a região interna pélvica, os ísquios e os quadris, as pernas e os pés. Continue ligado à terra, centralizado e consciente o tempo que desejar. No final, respire fundo algumas vezes e alongue-se ou ajuste-se um pouco e boceje.

Sinta o sacro, a espinha dorsal e sua conexão com o osso occipital

2 min

sentado, deitado, também em pé

A conexão entre sacro, espinha dorsal e osso occipital é muito importante para o sistema craniossacral. A dura-máter espinhal, que reveste e protege a medula, está fixa no grande forame magno, na região da segunda e terceira cervicais (C2/3) e no sacro (na S2). O ritmo craniossacral é transmitido por meio do osso occipital, do tecido conjuntivo e da dura-máter espinhal para baixo, até o sacro e a pelve.

A região do atlas (a primeira vértebra cervical) que aponta para a cabeça, junto com os côndilos occipitais, compõe a articulação atlanto-occipital e forma a transição óssea para o crânio e a base do crânio.

A estática da dura-máter espinhal também influencia a estática das membranas intracranianas e, portanto, todo o crânio.

O sacro e o osso occipital têm muitas fibras nervosas parassimpáticas extras. Enquanto você escuta, observa e delicadamente toca essas zonas, seu sistema nervoso parassimpático é fortalecido.

Como fazer o exercício

Volte a atenção para a pelve e o sacro. Ligue-se à terra e centralize-se como no exercício anterior.

1. Palpe a pelve, particularmente o sacro. Ele parece leve ou pesado, quente ou frio, amplo ou limitado? Solte o peso. Continue deixando a respiração fluir livremente e solte um pouco o maxilar inferior.

2. Enquanto palpa o sacro, volte devagar a atenção ao longo da coluna lombar, vértebra por vértebra. Reserve um tempo suficiente para notar cada vértebra, uma de cada vez. Depois das vértebras lombares, cumprimente e examine cada vértebra torácica, então cada vértebra cervical. Dedique um tempo extra à primeira vértebra cervical a fim de sentir essa região de fato.

3. Agora palpe o osso occipital, a parte posterior da cabeça e a borda inferior do crânio. Libere quaisquer tensões nessa região, respirando com a boca levemente aberta. Como estão agora o sacro, a coluna vertebral e o osso occipital? O que está leve ou pesado, quente ou frio, amplo ou limitado?

4. Sinta toda a região pélvica, incluindo pernas e pés (ligados à terra), o sacro, a coluna vertebral, o osso occipital, a cabeça. De novo, dedique um tempo extra para palpar a primeira cervical, a transição para o crânio, para realmente sentir essa região.
Agora, perceba a si mesmo como um todo, tridimensional e espacial. Solte completamente o peso. Permaneça por alguns minutos, sem tensão, nessa consciência corporal holística.

Sinta a caixa torácica, as escápulas, os ombros, os braços, a coluna cervical, a cabeça
2-5 min

ligando-se à terra, centralizando-se, conectando-se
sentado, deitado, também em pé

Como fazer o exercício

Agora incluímos as extremidades superiores:

1. Conscientize-se da pelve, do sacro e da coluna vertebral, como no exercício anterior. Ligue-se à terra e centralize-se.

2. Permaneça conectado pela pelve e pelo sacro e dirija a atenção interna lentamente para cima, pela coluna vertebral.

3. Quando atingir a coluna torácica, palpe as costelas ligadas às laterais das vértebras, inclusive o arco costal. Perceba toda a região do tórax, como ela expande ao inspirar e encolhe ao expirar.

4. Dirija a atenção para a face frontal do tórax, inclusive para as clavículas. Conscientize-se da face posterior do tórax, incluindo as escápulas. Palpe também os braços e as mãos, até a ponta dos dedos.

5. Libere toda tensão. Palpe a caixa torácica e a região dos ombros/pescoço, a coluna cervical e o osso occipital, ou a parte posterior da cabeça:
   - Qual a sensação em cada área mencionada?
   - Onde há a sensação de leveza ou de peso?
   - Onde sente calor ou frio?
   - Onde há a sensação de amplitude ou limitação?
   - Onde tem uma sensação particularmente confortável?

Sinta toda a região como uma unidade. Conscientemente, solte por completo o peso. Mantenha a respiração livre e solte o maxilar inferior.

Com a atenção interna, conecte toda a região dos ombros/pescoço com a coluna vertebral, o sacro, a pelve e os pés. Ligue-se à terra e centralize-se. Agora perceba-se da cabeça aos pés como um todo, tridimensionalmente. Continue por alguns minutos nessa consciência corporal holística. Então, termine o exercício alongando-se delicadamente, estendendo-se e bocejando.

Sinta as partes individuais do corpo

30 s-5 min
varia de acordo com a parte do corpo

sentado, deitado, possivelmente em pé

Nos exercícios anteriores, você escutou o movimento da respiração e conectou-se à terra, centralizou-se enquanto observava a região pélvica, a coluna vertebral e os ombros/pescoço até a cabeça. Afastando-se da consciência corporal holística, direcione a atenção para as partes individuais do corpo, à sua escolha.

Como fazer o exercício

1. Ligue-se à terra, centralize-se e deixe a respiração fluir livremente.
2. Palpe, por exemplo, braços e mãos, pernas e pés, pelve – incluindo o sacro – ou outras estruturas corporais, como o esterno, a articulação da mandíbula ou o diafragma.

Perceba os órgãos e relaxe-os pelo toque

1-5 min por órgão

sentado, deitado

Com esse exercício você pode ampliar a consciência e também direcionar a atenção para órgãos isolados. Escolha e observe o fígado, a vesícula biliar, o baço, o útero ou a próstata, os pulmões ou o coração. Ao tocar suavemente cada parte do corpo, fazendo contato consciente e convidando à abertura, você aprofunda o relaxamento desse órgão e aprimora sua habilidade de observar e sentir.

Os terapeutas craniossacrais aplicam a esses órgãos um ou diversos tratamentos viscerais.

Perceba, relaxe e conecte os segmentos corporais e as transições entre eles

1-5 min ou mais

sentado, deitado, também em pé

De acordo com Wilhelm Reich, os sete segmentos corporais (olhos, boca, pescoço, tórax, diafragma, barriga e pelve) são caracterizados por diferentes funções físicas, bem como por vários temas psicoemocionais. Ao contrário de segmentos corporais tensos, os segmentos corporais livres, interconectados, permitem que a energia vital flua melhor no corpo. A espontaneidade, a criatividade e a alegria são estimuladas ou sobrecarregadas, dependendo da tensão nos segmentos individuais e entre eles.

Gerda Boyesen chamou a linha que sobe da barriga e do tórax pela garganta até a boca e os olhos de "canal do Id" (o canal de expressão da nossa personalidade primária), enquanto John E. Upledger a denomina "via de expressão".

Esses exercícios de conscientização e percepção estimulam e auxiliam:
- órgãos e adenoides, em sua função, direta ou indiretamente;
- a percepção do corpo como um todo;
- o relaxamento do sistema musculoesquelético.

O "cérebro da barriga" avisa o "cérebro da cabeça" sobre os níveis neurológico e endócrino do aumento de relaxamento, o que tem efeitos positivos em diversas funções corporais.

Com exercícios regulares e um pouco de paciência, diferentes camadas do corpo podem ser distinguidas e percebidas – por exemplo, as camadas da pele, o tecido conjuntivo, os músculos e os ossos. Após percebê-las individualmente, conecte-se novamente com a sua consciência corporal holística.

Como fazer o exercício (para todos os segmentos)

Um toque suave e uma abordagem delicada trarão mais espaço e abertura aos segmentos corporais individuais e aumentarão a consciência corporal.

Coloque uma ou ambas as mãos sobre o segmento escolhido. Você pode trabalhar com um segmento isolado ou vários ao mesmo tempo. As instruções a seguir explicam como avançar de baixo para cima; também é possível fazer isso em ordem inversa. Depois você descobrirá possibilidades para conectar os segmentos entre si.

1. Toque delicadamente o segmento escolhido com as mãos relaxadas. As palmas e os dedos devem tocar a maior área possível – como se a sua mão estivesse sendo moldada pela estrutura subjacente – sem nenhuma tensão nas mãos, nos dedos ou nos punhos. Feche os olhos de vez em quando para direcionar a atenção para dentro.
2. Deixe o seu toque suave dar amplitude interna e o calor de suas mãos e dedos relaxar tanto a superfície quanto a parte interna da estrutura.

- Qual é a sensação nessa área?
- Alguma coisa muda quando você respira nesse segmento algumas vezes?
- O que você sente sob as suas mãos?
- Qual a sensação interna desse toque?

Nenhuma tensão é eliminada por técnicas manuais invasivas, mas sim por técnicas suaves, dissolvidas pela sua consciência por meio do toque. Aceite a tensão como um limite natural e espere, com o toque consciente, que o tecido sob suas mãos relaxe por si mesmo.

O relaxamento dos segmentos e de suas transições é semelhante ao realizado no tecido conjuntivo (Parte 3, página 97), que constitui uma continuação significativa dos tratamentos de segmentos descritos aqui. Lá você encontrará mais informações sobre a qualidade do toque e obtém mais detalhes a respeito do que esses relaxamentos oferecem.

O segmento pélvico

1-5 min ou mais

sentado, deitado

Coloque a palma das mãos sobre a pelve. Se tocar com apenas uma das mãos, coloque-a de modo a abranger toda a região. É preferível usar ambas as mãos; posicione-as na forma de um V, com os dedos mínimos sobre a região da virilha e a ponta dos dedos sobre o osso púbico, para entrar em contato com a maior área possível da superfície do segmento pélvico.

Tocando o segmento pélvico

Tocando o segmento da barriga

O segmento da barriga   1-5 min ou mais

sentado, deitado

Coloque a palma das mãos sobre a barriga. Posicione os polegares diretamente debaixo do arco costal. Afaste um pouco os dedos para que tenham contato total com a superfície da barriga. Depois de ter palpado e relaxado o tecido do segmento da barriga nessa posição, mova as mãos de acordo com a sua vontade:
- um pouco mais para baixo, na direção do segmento pélvico;
- um pouco mais para cima, com a superfície dos polegares sobre o arco costal;
- para os lados (afastando as mãos), para se conscientizar de toda a região da barriga entre as suas mãos e para deixá-la expandir e se tornar mais ampla.

O segmento do diafragma   1-5 min ou mais

sentado, deitado

Tocando o segmento do diafragma/ região inferior do arco costal

O segmento do diafragma, área da região inferior do arco costal que abarca o plexo solar, tem grande importância (veja também "Relaxe o arco costal", página 39). É aí que as partes superior e inferior do tronco se encontram. Em geral, o corpo tenta eliminar um desequilíbrio na região pélvica ou na região dos ombros/pescoço por meio do segmento do diafragma.

Coloque a palma das mãos horizontalmente sobre a região inferior do arco costal. Os dedos podem ficar um pouco afastados e entrelaçados ou os dedos médios podem se tocar, como mostra a foto. Assim você também toca a parte superior da barriga. Sinta o ritmo da sua respiração sob as mãos e convide-se à abertura. Ao fazer isso, relaxe a região dos ombros/pescoço. Expire a tensão pela boca ligeiramente aberta.

O segmento do tórax

1-5 min ou mais

sentado, deitado

1. Coloque a palma das mãos sobre a região superior do tórax. Se usar apenas uma das mãos, posicione-a horizontalmente de modo que toda a palma toque o esterno. Por cima das roupas, use as mãos e os dedos para conectar-se delicadamente com a pele e o tecido do tórax.

2. Aumentando a intensidade do toque, estabeleça contato com os ossos, as diversas costelas e o esterno. Você está bem conectado aí? Você também experimentou essa área internamente?

3. Com um pouco de prática e um toque ligeiramente mais intenso, você também pode perceber a área atrás do arco costal. A respiração profunda pelo tórax repetida algumas vezes proporciona relaxamento extra nessa área.

Tocando o segmento do tórax

O segmento da garganta e do pescoço

1-5 min ou mais

sentado, deitado

Coloque as mãos delicadamente, com a maior superfície possível das palmas, sobre a região da garganta e do pescoço. Mantenha os punhos unidos um com o outro, criando estabilidade para que você possa tocar de maneira calma e uniforme. Com as mãos e os dedos, toque o máximo possível da superfície da garganta e do pescoço. Assim que as mãos estiverem unidas sem pressão, dê mais espaço a toda a área conectada. Especialmente aqui no segmento da garganta e do pescoço – que é mais delicado e estreito do que outros segmentos corporais – tomamos muito cuidado para que o toque não provoque compressão.

Fechando os olhos, palpe o pescoço entre as mãos e convide à abertura. Solte a região dos ombros/pescoço. Expire qualquer tensão pela boca ligeiramente aberta.

Tocando o segmento da garganta e do pescoço

O segmento da boca
1-5 min ou mais

sentado, deitado

Posicione os anelares, os dedos médios e os indicadores de modo que eles toquem a região ao redor da boca. Quando usar as duas mãos, os dedos mínimos não participam e a ponta dos anelares toca acima da boca. Use a ponta dos dedos para entrar em contato com o máximo possível da superfície dos lábios e da pele ao redor da boca; faça isso delicadamente e sem pressão. Agora dê mais espaço a toda a estrutura. Relaxe um pouco o maxilar inferior; expire pelos lábios relaxados com a boca levemente aberta.

Tocando o segmento da boca

O segmento ocular
1-5 min ou mais

sentado, deitado

Na vida cotidiana os olhos cumprem uma importante função de controle. Enxergar é uma atividade focalizada. Os olhos observam com concentração, como um caçador furtivo. É por isso que a bioenergética e os exercícios visuais sempre priorizam o segmento dos olhos. Ao fechar os olhos, tocando delicadamente ao redor deles e escutando internamente, com frequência um segmento ocular rígido, tenso relaxa por si mesmo. Fechar os olhos, direcionar o olhar para dentro e observar é uma das meditações mais antigas e simples.

Como fazer o exercício

Coloque a superfície dos dedos acima dos olhos fechados, abrangendo uma grande área. Posicione a pontas dos indicadores, médios e anelares sobre as sobrancelhas ou um pouco mais acima. Você também pode colocar as palmas das mãos sobre os olhos – escolha o que achar mais confortável. Sob os olhos, toque delicadamente as maçãs do rosto (osso zigomático). Não toque os globos oculares; eles podem recuar um pouco para dentro das órbitas. Libere toda a tensão nessa área.

Tocando o segmento ocular

Conecte e relaxe os segmentos corporais
e as transições de segmentos

1-5 min ou mais

sentado, deitado

Depois de ter percebido e relaxado os segmentos corporais individuais de forma detalhada, contate diferentes segmentos ou transições de segmentos com ambas as mãos ao mesmo tempo. As transições, que ligam dois segmentos, merecem atenção especial. O equilíbrio e a abertura de uma transição de segmento determinam se essa zona está separando ou conectando.

Há diversas maneiras de conectar e relaxar dois segmentos ao mesmo tempo:
- De baixo para cima, comece com a pelve e então siga até a barriga (ao fazer a mudança, mova para o próximo segmento acima a mão que está embaixo, a fim de que as mãos continuem se movendo alternadamente para cima).
- Sempre mantenha uma das mãos conectada a um segmento enquanto a outra toca o próximo segmento ou transições de segmentos.
- Lembre qual segmento parecia mais confortável. Coloque uma das mãos sobre ele e a outra diretamente abaixo ou acima dele. Conscientemente, conecte essa fonte de poder. Desse local, a sensação de bem-estar pode se expandir para cima e para baixo.

Recomendo que você faça os toques de forma ascendente, mas não é preciso seguir nenhuma sequência fixa. Você também pode tocar qualquer segmento corporal ou transição de segmento com uma das mãos e então intuitivamente tocar o próximo com a outra mão.

Sintonize: a qualidade do toque e a conexão clara e delicada com o segmento, enquanto escuta, dá espaço e convida à expansão. Sinta os movimentos da respiração, relaxe o maxilar inferior e libere toda a tensão.

Ao relaxar simultaneamente dois segmentos que não se tocam de modo direto, concentre-se na área entre esses segmentos:
- Alguma coisa muda aí? Em caso afirmativo, o que e como?
- Você sente uma conexão entre os dois segmentos tocados?

Estímulo simultâneo da atividade das glândulas e do equilíbrio dos chacras

1-5 min ou mais

sentado, deitado

O contato e o relaxamento das áreas ao redor de cada segmento corporal lidam com partes essenciais do corpo, como as gônadas, as glândulas suprarrenais, o plexo solar, o pâncreas, o estômago e as glândulas timo, tireoide, pituitária e pineal.

Essas áreas estão direta ou intimamente conectadas aos chacras (palavra que em sânscrito significa "roda"). Esses centros de transformação de energia vibrante permitem a troca de energia entre o corpo, o ambiente e o universo.

Tocar e relaxar os segmentos corporais simultaneamente harmoniza os sete chacras, os centros de energia etérica do nosso corpo:
- o chacra básico da pelve (1);
- o hara na região da barriga/umbigo (2);
- o plexo solar sob o arco costal/diafragma (3);
- o chacra do coração, na região do tórax (4);
- o chacra da garganta, na região da garganta/pescoço (5);
- o terceiro olho, na região dos olhos, entre as sobrancelhas (6);
- o chacra da coroa, na região do vértice ou topo da cabeça (7).

Enquanto trata os segmentos, você harmoniza os chacras na região do tronco. Por exemplo:
1. Ligado à terra e centralizado, primeiro toque a transição entre a pelve e a barriga (hara);
2. então o arco costal/diafragma (plexo solar);
3. em seguida o esterno e o tórax (chacra do coração);
4. depois os olhos e a testa (terceiro olho);
5. por último a sutura sagital (chacra da coroa).

O tratamento pode ser intensificado colocando-se as duas mãos sobre um chacra ou cada mão sobre dois chacras diferentes ao mesmo tempo.

Consciência corporal holística

qualquer duração

Perceba o corpo em sua totalidade
sentado, deitado, também em pé

Sempre que fizer os exercícios das Partes 1, 2 ou 3, dirija a atenção primeiro para as áreas do corpo cuja sensação é agradável. A respiração profunda costuma facilitar o relaxamento local, que se expande para outros segmentos e níveis corporais.

Sinta as áreas que estão relaxando – não isoladamente, mas na totalidade do seu corpo – e permita que os locais que originaram o processo se expandam ainda mais. Desfrute essa consciência corporal holística.

> Dessa maneira, estruturas neurológicas importantes – como o corpo amigdaloide, que registra e lembra situações de excitação e medo – aprendem a relaxar profundamente e a se entregar. Sentir-se inteiro e conectado com a fonte interior permite que você descanse no seu centro. Nossos sensores periféricos de alarme são desligados e não há necessidade de defesa.

Com a prática constante, será cada vez mais fácil mudar da observação detalhada de partes corporais individuais para a consciência pela qual você sente seu corpo como um todo.

Harmonize o sistema craniossacral 3

Estimule a autorregulação e o relaxamento profundo

A maior parte dos exercícios desta seção pode ser realizada na posição sentada ou deitada. Palpar e tratar a si mesmo, bem como receber tratamento de terapeutas especializados, pode ajudar o sistema craniossacral. Na maioria dos casos, o ritmo craniossacral e as suas qualidades ficam menos limitados e mais equilibrados depois do tratamento, o que melhora a autorregulação e estimula a autocura do corpo.

Para obter um ótimo efeito de relaxamento com os exercícios craniossacrais a seguir, consulte a "Introdução" (página 13) e o capítulo "Orientações importantes para tratar a si mesmo" (página 23). Conforme já mencionei, recomendo os exercícios das Partes 1 e 2 como preparação.

Autopalpação

Confie nas suas mãos e nos seus sentidos. Redescubra as mãos e sua capacidade de ser um instrumento sensível que é ajustado e melhorado toda vez que você apalpa o corpo. Com o exercício a seguir, encontramos ressonância em nossos ritmos corporais lentos enquanto praticamos a percepção imparcial; assim, somos capazes de experimentar uma expansão natural da consciência.

Se você não sentir o ritmo craniossacral quando começar a palpar, dê um tempo a si mesmo. Com frequência, ele fica perceptível quando você escuta com as mãos em um espaço completamente relaxado, sem expectativas. Não é preciso nem mesmo se concentrar. No início, talvez você sinta movimentos lentos e delicados alguns segundos; do contrário, apenas desfrute o relaxamento. Quanto maiores a frequência e o tempo que você se palpar, mais claras e aprimoradas se tornarão as suas percepções.

Perceba e diferencie os ritmos corporais: o ritmo da respiração, a pulsação do coração, o ritmo craniossacral

5-15 min ou mais

sentado, deitado
sentado: as mãos descansam sobre as coxas
deitado: as mãos descansam nas laterais da pelve

Como fazer o exercício

1. Coloque as mãos delicadamente sobre as coxas (se estiver sentado) ou nas laterais da pelve (se estiver deitado). Não use nenhuma pressão; crie contato com aquilo que sente sob as mãos. Sinta o peso das mãos e os músculos dos antebraços, braços e ombros. Solte o peso do corpo – inclusive da pelve, das pernas e dos pés – para liberar o máximo possível de tensão. Ligue-se à terra e centralize-se. Feche os olhos e acesse a escuta interna. Fique imóvel nos próximos minutos. Deixe a respiração fluir livre. Solte devagar o maxilar inferior e expire pela boca ligeiramente aberta.

2. Dirija toda a sua atenção para as mãos; sinta a área de contato com as coxas ou com a pelve. Libere qualquer pressão no toque; não há necessidade de pressão em um estado conectado. Deixe o toque ficar ainda mais suave. Conscientemente permita que as mãos se unam à área palpada, como se elas pudessem se fundir às coxas ou às laterais da pelve numa unidade.

   Ou:

   Você pode escolher a sequência inversa: toque ainda mais delicadamente e convide as estruturas sob suas palmas a se estender na direção das suas mãos e a expandir.

3. *Ritmo da respiração:* concentre-se na respiração que flui para dentro e para fora do corpo, compondo o ritmo respiratório. Não tente mudar a respiração, mas permaneça atento, observando seu movimento. Durante algum tempo, acompanhe esse ritmo e anote qualquer coisa que surja ou se desenvolva a partir dele.

- Em que local do corpo você sente o ritmo da respiração?
- Os ombros levantam um pouco na inspiração e descem novamente na expiração? A respiração movimenta a estrutura do seu tronco, incluindo a região pélvica?
- Você percebe o fluxo da respiração como um ritmo em diversos locais do corpo simultaneamente ou apenas onde suas mãos tocam?

4. *Treinamento detalhado da consciência:* talvez você mal perceba o ritmo da sua respiração com as mãos; em vez disso, você talvez perceba calor, expansão, peso ou leveza. Ou talvez sinta o "pulso terapêutico" (veja a página 81), por exemplo, a contração dos músculos ou uma palpitação ou pulsação. Apenas observe e continue mantendo toda a atenção no local que suas mãos estão tocando, sem mudar nada.

5. *Batimentos cardíacos:* dirija a atenção para os batimentos cardíacos:
   - Onde você os sente?
   - No lado esquerdo do tórax ou mais em direção ao meio?
   - Nos antebraços ou nos punhos?
   - Na região da garganta ou do pescoço?
   - Você também sente os batimentos cardíacos onde as suas mãos tocam?

   Você pode senti-los apenas ocasionalmente; aproveite isso de maneira passiva e desfrute de alguns minutos de tranquilidade. Uma vez relaxado, observe como as suas mãos tocam delicadamente e sem pressão. Permita-se suavizar ainda mais seu toque.

6. *Respiração e batimentos cardíacos:* talvez você sinta o movimento da respiração e os batimentos cardíacos ao mesmo tempo. Você pode treinar para direcionar conscientemente a sua atenção, de maneira lenta e alternada, para os movimentos da respiração e depois para os batimentos cardíacos – ou sentir ambos ao mesmo tempo.

7. *Ritmo craniossacral:* concentre-se em um movimento lento, sutil no corpo. Nas coxas e nas laterais da pelve, você pode sentir uma expansão mínima enquanto o tecido gira lenta e gradativamente para fora em uma rotação suave. Esse movimento em geral é seguido de uma rotação para dentro. É possível que esse ritmo lento pare um pouco e então continue se movendo na mesma direção, ou que após uma rápida pausa o ritmo movimente o tecido na direção inversa.

Nas laterais da pelve, a lenta rotação para fora será sentida como uma expansão lateral, como se o volume dentro da região pélvica estivesse aumentando. A rotação para dentro, por outro lado, move as coxas ou a crista ilíaca ligeiramente para o centro, como se o volume dentro da região pélvica estivesse diminuindo. Esse movimento sutil é o ritmo craniossacral, que se repete de 6 a 12 vezes por minuto, como uma maré lenta num movimento de vaivém. Enquanto você escuta o seu corpo, não há nada a ser alcançado. Dê a si mesmo tempo para treinar a consciência das mãos.

8. *Respiração, coração e ritmo craniossacral:* agora, deixe-se levar pelos ritmos corporais individuais que você experimentou e observe sem julgamentos se é o ritmo da sua respiração, dos batimentos cardíacos ou o ritmo craniossacral. Quanto mais você fizer esse exercício, maior será sua percepção e facilidade para direcionar a atenção consciente e alternadamente para o ritmo da respiração (cerca de 16 vezes por minuto), do coração (em torno de 70 a 90 vezes por minuto) e do sistema craniossacral (cerca de 6 a 12 vezes por minuto). Com um pouco de prática, é possível perceber os diferentes movimentos e ritmos do corpo alternada ou simultaneamente e será mais fácil escutá-los.

9. Termine esse exercício trazendo lentamente a consciência de volta dos tecidos internos até sentir a pele ou as roupas sob as suas mãos. Respire fundo algumas vezes, abra os olhos e se conscientize do ambiente externo. Solte as mãos devagar.

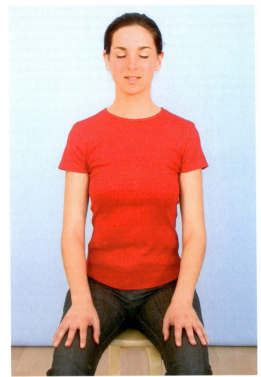

Escutando os ritmos corporais nas coxas

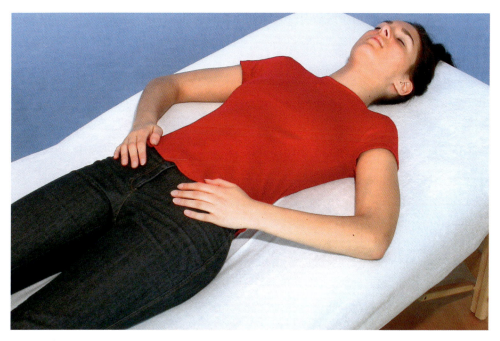
Escutando os ritmos corporais nas laterais da pelve

10. Agora reserve um tempo para delicada e agradavelmente estender, alongar e bocejar. Abra os olhos e volte ao presente:
    - Como seu corpo inteiro se sente agora?
    - Há diferenças após executar o exercício?

    Lentamente dê alguns passos:
    - O que mudou dentro de você?
    - De que maneira o padrão de suas passadas está diferente?
    - Com os sentidos, você percebe quaisquer mudanças externas? Em caso afirmativo, quais são elas?

Escute o ritmo craniossacral ou ritmos mais lentos nas coxas, nas laterais da pelve e na cabeça 5-15 min ou mais
sentado, deitado

A posição das mãos sobre as coxas ou nas laterais da pelve, assim como a qualidade do toque e essa autopalpação, são as mesmas descritas em "Perceba e diferencie os ritmos corporais" (página 68). Esse exercício é a melhor introdução para escutar o ritmo craniossacral e até mesmo ritmos ainda mais lentos.

O escutar relaxado e a crescente consciência diferenciada permitem a você observar o ritmo craniossacral e seus movimentos alternados de modo mais fácil e preciso.

Tendo percebido e diferenciado diversos ritmos corporais, as explicações seguintes o ajudarão a expandir e a aprofundar seu campo de consciência.

Treine para uma percepção diferenciada

Talvez você não sinta de imediato o ritmo craniossacral com as mãos; em vez disso, você pode sentir o ritmo da respiração e dos batimentos cardíacos. Apenas observe, sem modificar nada.

- Em que local do corpo você sente o ritmo da sua respiração?
- Onde você sente isso mais forte ou mais suavemente – você sente isso no ponto que suas mãos tocam?
- A velocidade do ritmo muda?
- Você sente nas mãos ou no corpo um movimento mais lento, semelhante ao da sua respiração?
- O que mais você sente?
- Qual é a textura do tecido sob suas mãos?
- Você sente mais calor ou frescor?
- O local tocado formiga depois de algum tempo?
- Ele fica macio?
- Você sente conexões corporais, o fluir da energia? Você percebe a si mesmo como um todo?

Ao se conectar com as camadas da pele, o tecido conjuntivo e os ossos, você amplia o seu campo de consciência até as meninges do cérebro, a coluna vertebral e o fluido cerebroespinhal. Assim, automaticamente você auxilia e estimula o contato com os lentos movimentos de maré do ritmo craniossacral.

Ao ficar mais experiente em palpar com sensibilidade, você pode descobrir que segue de maneira mais relaxada a ordem sugerida nos exercícios: comece observando uma ampla variedade de percepções e depois aprofunde-as de acordo com as suas preferências.

Escute o ritmo craniossacral na cabeça

Ter uma base – por exemplo, uma mesa – para os cotovelos auxiliará uma auto-palpação confortável da cabeça, pois você poderá tocar delicadamente a cabeça com as mãos enquanto os antebraços estão apoiados. Certifique-se de que a base não seja muito alta nem muito baixa; você pode ajustar a altura adequada com livros ou uma manta dobrada.

Também será possível palpar a cabeça sem uma base quando você já estiver, por exemplo, ligado à terra e centralizado pelos exercícios das Partes 1 e 2 e tiver abandonado todas as tensões desnecessárias na região dos ombros/pescoço. A respiração deve fluir livremente. Isso ajuda na palpação da pelve e da região dos ombros/pescoço de maneira relaxada, sem tensão.

As fotos abaixo demonstram o toque no osso frontal. Você também pode palpar o ritmo craniossacral e os movimentos mais lentos de maré em diferentes ossos cranianos. Isso será explicado nas páginas (106-110 e 112-124). Enquanto você faz os exercícios, as ilustrações e as fotos podem ajudá-lo a tocar e escutar com precisão.

Apalpando o ritmo craniossacral no osso frontal

Cotovelos apoiados

Sentado

Deitado

O ritmo craniossacral

Até agora, deixei de lado qualquer explicação abrangente do ritmo craniossacral no corpo. Fiz isso para permitir que você experimentasse os exercícios de palpação anteriores com o mínimo de preconceito possível e confiasse nas próprias percepções. Agora que você tem algum conhecimento das palpações, queremos observar mais de perto o ritmo craniossacral e os ritmos mais lentos de maré.

Há diversas explicações a respeito de como o ritmo craniossacral se desenvolve. Algumas utilizam uma base biomecânica funcional; outras, uma base biodinâmica energética. Muitos céticos continuam a duvidar da existência do ritmo craniossacral ou dos movimentos dos ossos cranianos, mas nos últimos 40 anos o ritmo foi repetidamente avaliado com diferentes métodos. Mesmo uma mudança nos níveis de açúcar no sangue durante um *still point* (quando o ritmo craniossacral para por cerca de 30 segundos a quatro minutos) pode ser verificada.

Todos os dias as pessoas que praticam podem apalpar o ritmo craniossacral. Quando alguns profissionais palpam simultaneamente o corpo de alguém, com frequência há um *feedback* muito coerente acerca da sua condição física. Mais detalhes a respeito do tratamento craniossacral realizado por profissionais podem ser encontrados na página 138, assim como no meu livro de referência *Craniosacral rhythm: a practical guide to a gentle form of bodywork therapy* (Elsevier, 2008) e na bibliografia técnica listada nas Referências bibliográficas.

Um novo fluido cerebroespinhal é constantemente produzido no plexo coroide dos quatro ventrículos cerebrais. Esse fluido é direcionado para as cisternas externas do quarto ventrículo, na região do osso occipital. Segundo uma teoria, o acúmulo do fluido cerebroespinhal faz a sua pressão aumentar. Isso distende as meninges cerebrais e os ossos cranianos diretamente conectados, particularmente em suas suturas cranianas. No sistema de membranas das meninges espinhais, o fluido se espalha na dura-máter espinhal ao longo da medula espinhal, descendo para o sacro.

> O ritmo craniossacral pode ser sentido no crânio, na coluna vertebral e no sacro, bem como nos ossos e nos músculos – e, acima de tudo, no tecido conjuntivo em todo o corpo.

Movimentos e características do ritmo craniossacral

Anatomistas progressistas e praticantes tradicionais concordam com os terapeutas craniossacrais e os osteopatas: as suturas cranianas nem sempre se unem solidamente com a idade, mas permitem movimentos sutis, como o ritmo craniossacral. Tais movimentos, na variação de micromilímetros, podem ser sentidos por mãos habilidosas com prática e paciência.

Rotação externa e interna/Movimentos de flexão e extensão

Para o tratamento geral, não é preciso compreender essa terminologia, mas ela pode ser útil. Engajar-se nesse interessante campo abre novos horizontes e com frequência promove uma consciência sensorial e corporal mais profunda. Você passa a conhecer seu corpo e a inteligência inerente a ele de outra maneira. A palpação experiente dos movimentos desenvolve a percepção detalhada e a diferenciação.

O aumento da pressão do fluido cerebroespinhal no sistema craniossacral pode ser percebido como uma expansão, uma sensação de tornar-se mais cheio e maior; nos membros pareados/laterais do corpo (como nas coxas), ele pode ser percebido como *rotação externa*. Quando o volume do fluido no sistema craniossacral diminui, esse movimento lento pode ser percebido em membros pareados como *rotação interna*.

Por sua vez, o enchimento e a expansão do sistema craniossacral – inclusive a rotação externa sentida em membros pareados – são definidos como *flexão nos ossos da linha média* (sacro, occipício, esfenoide, etmoide, vômer); a diminuição é definida como *extensão*. Biomecanicamente, essa definição resulta da observação dos movimentos da base do crânio.

O movimento de flexão-extensão é transmitido pelo osso occipital e pela dura-máter espinhal para todo o tronco, onde o ritmo craniossacral pode então ser percebido como rotação interna e externa.

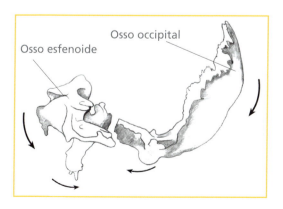

Os ossos esfenoide e occipital e a sua direção de movimento na flexão

As quatro características mais importantes do ritmo craniossacral:

- Ciclos por minuto: o ritmo craniossacral tem um ciclo de cerca de seis a 12 vezes por minuto, mais lento que o ritmo cardíaco e respiratório. Você também pode perceber ritmos ainda mais lentos: veja as páginas 78-79.
- Amplitude/alcance: o ritmo craniossacral pode revelar uma área extensa do movimento de flexão-extensão da rotação externa-interna, ou uma área estreita, limitada. Há pessoas com mais movimentos de flexão (rotação externa) ou de extensão (rotação interna).
- Intensidade: o ritmo craniossacral pode ser perceptível de maneira muito fraca ou muito intensa. A intensidade dele reflete a vitalidade e a capacidade de autorregulação do organismo.
- Simetria/harmonia: você pode perceber o ritmo craniossacral igualmente nos dois lados do corpo ou sentir mais movimento no lado que está menos limitado.

Essas características podem ser percebidas de maneira diferente em diversas partes do corpo, indicando estruturas corporais livres ou limitadas. É assim que os terapeutas craniossacrais recebem informações sobre correlações no corpo.

Quando suas mãos se tornarem conscientes do ritmo craniossacral, escute cuidadosamente seus movimentos lentos. Observe durante diversos ciclos como essas quatro características se expressam e se elas mudam com a palpação. Elas mudam antes, ao longo da ou depois das palpações, dos tratamentos e do relaxamento do sistema craniossacral? Caso mudem, de que maneira?

Dicas para a palpação diferenciada do ritmo craniossacral

O ritmo craniossacral pode ser visto como uma expressão dinâmica da força vital. A qualquer hora, a direção do movimento pode mudar e o movimento de maré pode ganhar velocidade ou desacelerar. Ambos os fenômenos podem ocorrer de forma espontânea, após uma pequena pausa ou um *still point*. Isso pode ser experimentado como dois movimentos sucessivos de rotação externa antes do início de outro movimento de rotação interna.

Às vezes, o ritmo craniossacral parece desordenado em vez de harmonioso, ou só pode ser sentido de um dos lados do corpo. Junto das flutuações da rotação externa-interna que se movimentam lateralmente, você pode encontrar outras que se movimentam longitudinalmente. Elas podem ser percebidas como movimentos lentos na direção da cabeça e dos pés (como flexão ou extensão).

Atitude interna e intenção na palpação:

Às vezes se espera conseguir muita coisa, o que cria uma leve tensão nos níveis mental, físico e energético que impede a palpação do ritmo craniossacral. Com frequência, você perceberá o ritmo craniossacral quando sua mente ativa se rendeu e apenas sua atitude aberta, receptiva permanece.

Se você não sente quase nada, apenas desfrute a passividade certo tempo e reserve alguns minutos para se concentrar. Talvez você note diferenças, mas não julgue o ritmo craniossacral. Acompanhe-o com uma atitude passiva, atenta e aberta. Envolva-se nos sutis movimentos de maré que podem mudar a qualquer hora. Eles sempre se expressam de maneira direta, no momento presente.

Durante a palpação, anote mentalmente determinadas tendências – como as características do ritmo craniossacral ou se seus movimentos se tornam mais amplos, claros ou harmoniosos. Os movimentos craniossacrais são lentos. Com calma e alguma prática, até os principiantes conseguem distinguir nitidamente o ritmo craniossacral. É mais fácil perceber os movimentos lentos do ritmo craniossacral relaxando e escutando com paciência. Muitos principiantes sentem o ritmo de forma clara quando renunciam ao desejo de conseguir alguma coisa.

Sua atitude mental também pode afetar o ritmo craniossacral. Durante os tratamentos, dê uma folga ao seu cético interior. Se você dirige, opera um computador ou vive com animais de estimação, também precisa de tempo e paciência. Mesmo quando os novos conceitos parecem estranhos, acredite que o ritmo craniossacral surgirá e preste atenção nas sensações em suas mãos.

Você pode perceber melhor o ritmo craniossacral mantendo-se relaxado, observador. É impossível "pegá-lo". Deixe o ritmo craniossacral vir até você. O que você sente sob as suas mãos suaves, relaxadas?

Quanto mais você praticar esses tratamentos e palpações, mais aguçará sua consciência dos ritmos sutis. Com intenção clara e toque suave, é possível ajudar o ritmo craniossacral, quer você seja capaz ou não de palpá-lo.

Diferencie os diversos ritmos lentos

Há cerca de 100 anos, o fundador da osteopatia craniana, William G. Sutherland, descobriu a "respiração craniana", ritmo craniossacral com cerca de seis a 12 ciclos por minuto que ele chamou de "mecanismo respiratório primário". Sutherland utilizou um modelo biomecânico explicativo. Nos últimos seis anos da sua vida, ele observou movimentos ainda mais lentos, que expandiram e aprofundaram o seu trabalho. Após a sua morte, em 1954, esses movimentos foram estudados por alguns dos seus alunos, em especial Rollin Becker e Ruby Day. Tanto Becker quanto Day transmitiram seus conhecimentos ao osteopata americano James S. Jealous, que hoje é o representante da Osteopatia Craniana Biodinâmica. Esse método de tratamento também foi adotado por alguns cursos de terapia craniossacral e vem sendo continuamente desenvolvido.

Os diversos ritmos lentos/movimentos de maré:
- cerca de 6-12 ciclos por minuto: ritmo craniossacral
- cerca de 2-3 ciclos por minuto: maré média;
- cerca de um ciclo por 1,5 minuto: maré longa.

Com um pouco de prática, você pode escutar de maneira mais diferenciada ao palpar movimentos mais lentos:

Quanto mais o corpo relaxa e libera tensões, melhor você percebe o ritmo craniossacral com cerca de seis a 12 ciclos por minuto. Em geral, tal percepção ocorre após uma pausa, quando o ritmo craniossacral para brevemente e depois continua. Com cerca de seis ciclos por minuto, você pode sentir o ritmo craniossacral livre em membros pareados do corpo por cerca de cinco segundos como rotação externa e cinco segundos como rotação interna. Em cerca de dez ciclos por minuto, são cerca de três segundos para a rotação externa e três segundos para a rotação interna.

Se o seu corpo relaxar mais profundamente, por exemplo, após um *still point* endógeno (autoativado), talvez você note movimentos de maré ainda mais lentos. Na maré média e na maré longa, o corpo não se move ao redor de eixos na rotação externa/flexão e na rotação interna/extensão como faz no ritmo craniossacral. O corpo torna-se um único fluido e se move lentamente na chamada "inspiração" (enchendo, ampliando) e "expiração" (diminuindo, flexionando).

Na maré média (dois a três ciclos por minuto), a percepção da estrutura foi mais ou menos dissolvida, e é como se as células estivessem respirando. Nessa condição de profundo relaxamento, não há mais ativação externa de *still points* ou relaxamento. A autorregulagem já trabalha a tal ponto que a atividade externa seria bastante prejudicial. Observe o que se desenvolve, sem pretensões.

No relaxamento profundo, em geral depois que a maré média se estabeleceu e está presente por algum tempo, é possível apalpar a maré longa com um ciclo em cerca de um minuto e meio. Com cerca de 50 segundos para a fase de rotação externa/inspiração e cerca de 50 segundos para a fase de rotação interna/expiração, a maré longa é significativamente mais lenta do que a média.

Aqueles que já fizeram tratamentos craniossacrais biodinâmicos, os que são experientes em meditação ou relaxamento profundo têm mais facilidade de perceber a maré longa. Com frequência, ela é discernível apenas quando um terapeuta habilidoso oferece uma estrutura segura e um ponto de referência.

> Na maré média, bem como na maré longa, é recomendável estar presente e neutro para que se possa surpreender, se deliciar e observar o que se revela e desenvolve no momento.
>
> A palpação torna-se mais passiva e transforma-se em uma observação sensível, neutra. Até os pensamentos e as intenções dão lugar à percepção sensível desses lentos movimentos de maré.

Os contextos mais profundos e os segredos ocultos nunca se revelam com impaciência e força, mas com busca delicada e observação. Quando nos aventuramos internamente e conquistamos a imobilidade, ganhamos um vislumbre da essência de nossa existência. Podemo-nos maravilhar e experimentar grande alegria e humildade ao ser tocados pelo sopro da vida.

Não julgue a si, o seu corpo ou os lentos movimentos de maré. Nada é melhor ou pior; não há objetivo nem nada a ser alcançado. Como as marés longa e média, o ritmo craniossacral é uma expressão da força vital. Todos os movimentos mais lentos de maré revelam a capacidade do sistema nervoso de pulsar com determinadas condições de excitação ou relaxamento.

> Receba os ritmos como expressões da força vital, uma vez que todos eles estimulam as energias da autorregulação e da autocura. Confie nas sensações e dê tempo a si mesmo para escutar os diversos ritmos e mudanças em seu corpo.

Com mais experiência, você terá sensações cada vez mais claras e profundas por meio dos diversos movimentos lentos do seu corpo. Não force nada. Todos os movimentos lentos de maré ajudam o sistema nervoso e os fluidos com impulsos curadores reguladores, básicos, que favorecem os processos de metabolismo e homeostase.

Relaxe o sistema craniossacral

Lembretes

Um lembrete antes de começar a relaxar o sistema craniossacral: não faça os exercícios quando sentir desconforto ou dor, ou se tiver um problema crônico de saúde, sem antes consultar um médico ou naturopata.

Os tratamentos descritos neste livro não devem substituir o tratamento craniossacral individual com um terapeuta especializado. Excelentes ferramentas para você se familiarizar com o trabalho craniossacral, os tratamentos também podem auxiliar e complementar o relaxamento entre os procedimentos com um profissional. Mais informações a respeito do que consiste um tratamento craniossacral profissional e no que ele pode ajudar podem ser encontradas nas páginas 137-138.

Caso não consiga fazer determinado exercício, ou sinta-se desconfortável, passe para o próximo. Outro lembrete: para os exercícios na posição deitada, coloque uma manta enrolada sob os joelhos para aliviar a tensão no tronco.

A qualidade do toque e as posições corretas das mãos e dos dedos

Conforme foi descrito na Parte 2, o relaxamento não ocorre com a pressão, mas com o toque consciente que permite mais espaço e expansão. Os ossos faciais e cranianos em particular devem ser tocados sempre delicadamente, com 0,85 g a 2,83 g de pressão máxima.

A posição correta das mãos é importante, visto que com um pouco de prática você apalpa a função pela estrutura – isto é, o ritmo craniossacral por meio do tecido. As ilustrações anatômicas e as fotos a seguir vão ajudá-lo a explorar e descobrir as posições corretas.

Uma vez que somos únicos, a estrutura do corpo – isto é, o tecido – é diferente em cada pessoa. Portanto, comece examinando delicadamente a sua estrutura corporal para encontrar os locais certos. Isso é "anatomia ao vivo": nesse processo você descobrirá seu corpo de uma nova maneira e aprofundará o seu conhecimento acerca dele.

> Quanto mais você escutar os diversos movimentos do seu corpo com as mãos, mais sua sensibilidade aumentará e mais fácil será diferenciar os diversos ritmos lentos do corpo.

O toque ativa diversos receptores em todo o tecido. Um toque suave é transmitido por mensagens nervosas sensoriais ao cérebro, onde estimula e ativa áreas específicas. Se um toque é leve, encorajador e agradável, o *feedback* do cérebro para o tecido é algo como: "Ahhh – isso é bom!" Se um toque é muito rápido ou firme, o cérebro o perceberá como um ataque. Imediata e instintivamente, o corpo assumirá uma postura de defesa e proteção, que é o exato oposto daquilo que desejamos.

É por isso que os toques e convites ao relaxamento precisam ser lentos, delicados e conscientes. Nosso objetivo é relaxar o sistema craniossacral por meio do toque amoroso.

Observe como o relaxamento ocorre quando o tecido sob as suas mãos começa a se sentir mais aberto, mais macio, mais quente ou mais cheio e a respiração muda ou um suspiro espontâneo escapa. A memória celular pode indicar relaxamento com o "pulso terapêutico" (forte pulsação, formigamento, liberação de calor ou frio ou contração muscular). Continue tocando o tecido até o pulso terapêutico desaparecer. Como está o tecido depois desse relaxamento?

Relaxe o sacro

2-5 min por exercício

deitado, também sentado

O sacro é o "polo sul" do sistema craniossacral. Seu nome em latim, *os sacrum*, significa "osso sagrado". Um sacro relaxado auxilia o equilíbrio de toda a pelve e de suas funções.

Esses tratamentos auxiliam e estimulam:
- a coluna e todo o sistema musculoesquelético;
- o tronco, do sacro até o osso occipital;
- o relaxamento em toda a região pélvica e na dura-máter espinhal;
- um ritmo craniossacral mais equilibrado e, portanto, menos disfunções do sistema craniossacral.

Há diversas formas de relaxar o sacro. A seguir, você aprenderá alguns exercícios simples e eficazes.

Os exercícios a seguir não devem ser realizados por pessoas com dor ciática aguda, lombalgia, hérnia de disco, problemas no quadril, lesões no menisco ou distúrbios semelhantes. Essa regra também se aplica caso você tenha sido submetido recentemente a cirurgia em qualquer uma dessas áreas.

Deitado de costas com os joelhos flexionados/as pernas flexionadas
Mova o sacro lentamente: com pequenos movimentos das pernas e do sacro, inúmeros músculos, ligamentos, segmentos de fáscia e a conexão entre o sacro, a pelve e a virilha são alongados. É importante sentir esse alongamento conscientemente e então perceber os benefícios do relaxamento para que essa nova sensação corporal seja aprofundada.

Como fazer os exercícios

1. Movimente o sacro

Deite-se de costas com os joelhos flexionados e aproxime os pés das nádegas. Solte o peso da pelve e do sacro. Ajuste o sacro para que o máximo possível da sua superfície toque o chão. Isso deve resultar em um leve movimento do sacro, que pode ser complementado com suave movimento dos quadris.

Alterne esses leves movimentos de inclinação do sacro: primeiro incline a parte superior do sacro para baixo, na direção do chão, e o cóccix ligeiramente na direção do teto, e vice-versa.

De vez em quando, esses movimentos com o sacro e os quadris podem ser realizados de maneira mais ativa, mas sempre com alegria e facilidade. Brinque com a velocidade; alterne-a às vezes e faça alguns movimentos lentos. Então, solte o peso da pelve e do sacro novamente. Observe como essa área se sente agora.

2. Posicione o sacro na direção dos pés

Erga ligeiramente a pelve e o sacro na direção do teto, então balance-a de leve na direção dos pés e descanse-a sobre o chão. Agora o seu sacro deve estar posicionado alguns centímetros mais próximo dos pés. Conscientemente solte o peso do sacro, da pelve, da virilha, da coluna, do tronco e da cabeça sobre o chão. A nova posição do sacro – um pouco mais próximo dos pés – resultará em um suave alongamento no tronco, até a base do crânio.

Você sente esse sutil alongamento da coluna ao longo da dura-máter espinhal? Sente como os diversos músculos, ligamentos e segmentos de fáscia na pelve, na barriga, no tórax e no pescoço expandem?

Se quiser, aprofunde esse processo respirando conscientemente e relaxando um pouco o maxilar inferior. Sinta como as estruturas relaxam e como é agradável quando o relaxamento, o espaço e a expansão ocorrem sem esforço.

3. Movimente a pelve

Lentamente, mova a pelve em todas as direções, inclusive na diagonal, do jeito que for agradável para você. Isso pode ser combinado aos movimentos de inclinação do sacro já descritos.

Faça uma pausa e observe como o seu corpo reage.

4. Movimente os joelhos ligeiramente para a direita ou para a esquerda

Flexione levemente as pernas e deixe-as cair para um lado. Mantenha os joelhos paralelos e movimente-os juntos, alternando para a esquerda e para a direita. Isso alonga os quadris, a pelve e o sacro, bem como a virilha, subindo até o tórax e o pescoço, dependendo do quanto você inclinou para o lado e da flexibilidade do tecido.

Deixe os joelhos caírem para o lado até onde o tecido permitir. Aceite os limites. Nunca force a estrutura a ir mais longe do que ela deseja. De cada lado, pare por alguns momentos, observe qualquer tensão e expire.

Vá alterando o ritmo do movimento e fazendo pausas para observar o seu corpo.

5. Movimente os joelhos para dentro e para fora da linha média

Flexione um pouco as pernas. Separe os joelhos e deixe-os cair para os lados, depois junte-os de novo. Isso alonga e revitaliza os quadris, a pelve e o sacro. De vez em quando, ao afastar os joelhos, mude a distância entre eles. Varie a velocidade; tente mover-se devagar. Observe o seu corpo. Mova as pernas para o lado somente até onde o tecido permitir que isso seja feito com facilidade.

Todos esses exercícios podem ser combinados.

Movendo as pernas flexionadas: relaxando o sacro, a pelve e os quadris

Mãos abertas sob o sacro: quando o peso da pelve e do sacro descansa sobre as suas mãos abertas, partes dos músculos posteriores, particularmente as articulações sacroilíacas na região lateral do sacro, relaxam.

A posição da pelve levantada provoca um alongamento sutil da virilha, expandindo também a dura-máter espinhal. A respiração consciente pela barriga, até a pelve, ajuda nesse relaxamento e dá mais espaço.

Como fazer o exercício

1. Deite-se confortavelmente. Conforme descrito no segundo exercício na página 82, posicione o sacro um pouco mais na direção dos pés e aproveite para desfrutar o alongamento do tronco. Solte o peso da pelve e do sacro no chão. O tronco, o pescoço e a cabeça devem fazer o mesmo. Coloque as mãos, com a palma virada para baixo, ao lado do corpo, próximas da pelve.

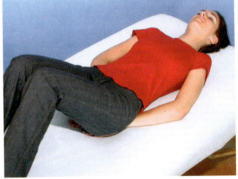

Colocando as mãos abertas sob o sacro

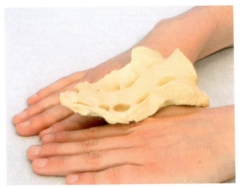

2. Agora levante ligeiramente a pelve, coloque as mãos sob o sacro e solte o peso da pelve sobre as mãos. Essa posição é confortável? Se não for, ajuste as mãos, talvez um pouco mais para cima ou para baixo, ou na direção do centro ou para os lados, até ficar confortável.

3. Na primeira vez, não deixe as mãos muito tempo embaixo do sacro, uma vez que elas podem não estar acostumadas com o peso da pelve. Se você fizer esse exercício regularmente, suas mãos se tornarão mais flexíveis e relaxarão ao mesmo tempo. Em vez de um minuto, as mãos podem permanecer sob o sacro por três a cinco minutos sem desconforto.
Se a posição das mãos estiver confortável, não tenha pressa. De novo, solte todo o peso da pelve e do sacro. Observe o relaxamento na pelve e na virilha e relaxe. Depois de algum tempo, mova as mãos mais uma vez. Com punhos soltos, sacuda levemente as mãos e os dedos.

Punhos fechados sob o sacro, com a palma das mãos para baixo ou lateralmente, com os polegares para cima: com os punhos fechados, tanto com a palma para baixo como com os polegares em cima, o sacro e a pelve estarão bem mais elevados do que com as mãos abertas. Ao usar os punhos, o alongamento na pelve, na virilha e na parte inferior da dura-máter espinhal aumenta. Verifique quais dessas posições são mais confortáveis para você:

1. Punhos fechados com as palmas para baixo

Como nos exercícios anteriores, deite-se de costas com os joelhos flexionados e coloque as mãos abertas próximas da pelve, com as palmas para baixo. Agora feche as mãos e coloque-as sob o sacro. Em vez de mãos abertas, como no exercício anterior, o seu sacro agora está sobre os punhos.

Essa posição é confortável? Se não for, mexa um pouco os punhos até ficar cômoda ou volte para a posição com a mão aberta.

2. Punhos levantados

Como nos exercícios anteriores, deite-se com os joelhos flexionados e coloque as mãos, com a palma para baixo, ao lado do corpo, próximas da pelve. Agora feche as mãos com os polegares para cima e ligeiramente para o lado. A palma das mãos deve estar voltada para as laterais da pelve. Em vez de punhos com as palmas para baixo, coloque-os levantados sob a região do sacro e da pelve. Lentamente solte o peso da pelve sobre os punhos e sobre o chão.

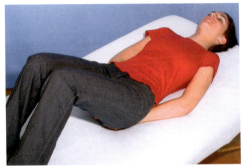
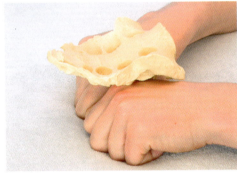

Colocando os punhos com as palmas para baixo sob o sacro

Colocando os punhos levantados sob o sacro

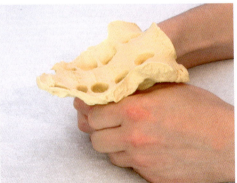

Qual é a sensação? Há uma posição mais confortável para os punhos, ligeiramente mais para cima ou para baixo, mais para o centro ou para os lados? Aqui também a respiração consciente pela barriga, até a pelve e o sacro, ajuda a relaxar.

Retire as mãos; solte as mãos, os dedos e os punhos. Observe o relaxamento local na pelve e na virilha, então relaxe a consciência corporal total. Se a posição com os punhos levantados não for confortável para o tronco ou para os punhos, simplesmente volte a ficar com os punhos para baixo ou com as mãos abertas.

Relaxe o sacro em posição lateral   2-5 min
deitado

Esse tratamento auxilia e estimula:
- as funções parassimpáticas do sistema nervoso autônomo, incentivando:
  - a digestão,
  - um relaxamento mais rápido e mais profundo,
  - a regeneração e o sono;
- a força e o equilíbrio do ritmo craniossacral;
- o relaxamento da transição para a quinta vértebra lombar, a articulação sacrolombar.

Como fazer o exercício

1. Deite-se confortavelmente de lado e coloque um travesseiro ou uma manta dobrada sob a cabeça. Na falta de um travesseiro ou de uma manta, erga o braço do lado sobre o qual você está deitado e coloque a cabeça sobre ele da maneira mais confortável possível.

2. Mova a mão sobre a qual você não está deitado em direção às costas e toque o sacro devagar. Abandone toda tensão desnecessária no ombro. Sinta o corpo inteiro e o local onde ele toca o chão e as suas mãos e respire algumas vezes.

3. Use toda a palma da mão para palpar e conectar a superfície do sacro o máximo possível. Sinta a conexão das suas mãos com a pele e os ossos do sacro por cima das roupas. Esse é o mesmo tipo de conexão e de união que você já conhece dos exercícios de tratamento e percepção da Parte 2.

4. Escute o tecido. Ao perceber movimentos, observe-os de maneira relaxada e atenta:

- Qual é a sensação?
- O que você percebe sob as mãos?
- Como o toque é sentido na parte interna do sacro?
- Você sente um movimento de balanço muito lento?
- Há um movimento maior de balanço em uma ou outra direção?
- Esse movimento é lento ou rápido?
- Cada movimento dura cerca de três a seis segundos em cada direção?

5. Agora faça uma leve descompressão no sacro em direção aos pés: mantenha a mão bem conectada e ajuste o sacro ligeiramente, mas com firmeza, na direção dos pés, sem escorregar.
Aqui os termos "ajustar" e "descompressão" significam um "convite" leve e uma intenção contínua da mão rumo à liberação. Isso dá tempo para o tecido se soltar e se expandir.

Não é a intensidade, mas a duração e a continuidade dessa leve descompressão que resultam no relaxamento da pelve e da virilha por intermédio do sacro.

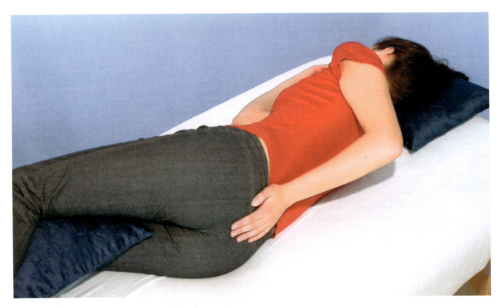

Relaxando o sacro em uma posição lateral

6. Solte, pouco a pouco, a descompressão contínua e escute sem quaisquer expectativas. O que você percebe agora sob as mãos? Sente diferenças? Sente movimentos lentos? Se você sente o ritmo craniossacral, continue escutando por diversos ciclos.

Você também pode massagear o tecido do sacro e os demais ao redor. Essa massagem pode então ser estendida a outros músculos na região da pelve.

Toque e relaxe o sacro e o osso occipital   2-5 min
deitado de lado ou de costas

Como fazer o exercício

1. Deite-se confortavelmente de lado com um travesseiro sob a cabeça. Coloque o braço que está embaixo sob o pescoço, na parte posterior da cabeça, e a mão no osso occipital. Toque o sacro com a outra mão, da mesma forma que no exercício anterior.

2. Sinta a forma e a posição do sacro e do osso occipital e conecte as mãos com o máximo possível de superfície de contato. As mãos devem sentir-se convidadas a se fundir com ambos os ossos. Novamente, palpe o tecido:
   - Qual é a sensação no sacro?
   - Qual é a sensação no osso occipital?
   - O que você sente sob as mãos?
   - O que acontece no tubo dural entre as suas mãos?
   - Você percebe movimentos de balanço muito lentos na região do osso occipital e/ou do sacro?

3. Agora relaxe a dura-máter espinhal com uma leve descompressão:
   - no sacro, na direção dos pés;
   - no osso occipital, na direção da cabeça.
   - Faça a descompressão do sacro na direção dos pés ao mesmo tempo que faz a descompressão do osso occipital.
   - O que você sente antes, ao longo e depois da liberação/descompressão?

4. O que você percebe depois de tocar esses dois locais por cerca de três a cinco minutos?
   - O ritmo craniossacral está mais pronunciado, mais equilibrado?
   - Outras conexões corporais parecem estar mais relaxadas, menos limitadas ou mais amplas?
   - Suas percepções sensoriais estão mais intensas ou diferenciadas?
   - Que sentidos estão mais definidos: tocar, escutar, ver, cheirar ou provar?

Para esse exercício na posição supina

Deite-se de costas, confortavelmente. Posicione uma das mãos sobre o osso occipital, abrangendo o máximo possível de superfície. Coloque a outra mão aberta sob o sacro – experimente se é melhor com a palma para cima ou para baixo; isso pode depender do fato de a superfície ser macia ou dura.

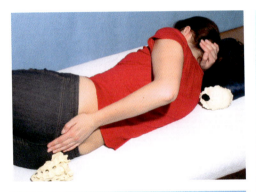

Tocando o sacro e o osso occipital

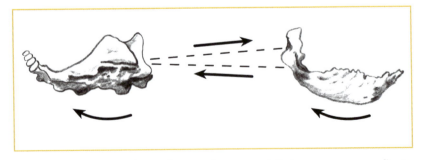

Direção de movimento do osso occipital para o sacro em flexão

Relaxe as articulações sacroilíacas

2-5 min

deitado

As duas articulações sacroilíacas ligam o sacro ao íleo. Elas contribuem significativamente para a postura e o modo de andar de cada um. As diversas estruturas teciduais das articulações sacroilíacas e as demais ao redor delas proporcionam estabilidade e permitem a melhor flexibilidade possível. Com frequência elas são forçadas e, portanto, muitas vezes estão tensas, bloqueadas ou inflamadas.

Esse tratamento auxilia e estimula:
- o alongamento suave das articulações sacroilíacas e de outros ligamentos e tendões;
- um sacro menos limitado;
- um ritmo craniossacral mais forte e equilibrado;
- um modo de andar, uma postura e uma coluna mais flexíveis.

Os relaxamentos anteriores do sacro são uma excelente preparação para esse tratamento, uma vez que eles sempre relaxam as articulações sacroilíacas ao mesmo tempo.

Como fazer o exercício

No exercício a seguir, as cristas ilíacas são continuamente convidadas a deslizar de leve para dentro e para cima.

1. Coloque a superfície de ambas as mãos sobre as cristas ilíacas, como você fez quando palpou o ritmo craniossacral nas laterais da pelve. Se sentir apenas a pele (ou o tecido conjuntivo), o relaxamento a seguir soltará o tecido apenas superficialmente. Só quando há contato claro com a espinha ilíaca anterossuperior esse exercício relaxa as articulações sacroilíacas. Para isso, sinta a estrutura óssea das cristas ilíacas e crie um contato confortável das mãos com essas áreas. Aprofunde essa sensação conectando ambas as mãos especificamente com os ossos, criando o máximo possível de superfície de contato.

2. Seu toque deve ser flexível e suave, e suas mãos devem escutar com atenção. Sinta o espaço *entre* as mãos:
   - Ele quer expandir?
   - Onde ele está quente ou mais quente?
   - Você pode perceber ritmos corporais?
   - O tecido sob as suas mãos muda? Se isso acontece, como ele muda?

3. Agora comece a mover as cristas ilíacas leve e continuamente para dentro e para cima com as duas mãos ao mesmo tempo. Essa tração firme deve ser feita da mesma forma na esquerda e na direita, por 30 segundos a três minutos.

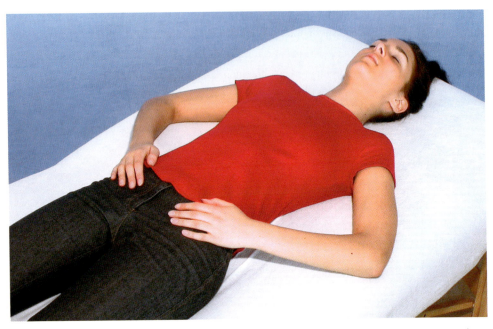

Relaxando as articulações sacroilíacas: movendo as cristas ilíacas para dentro e para cima

4. Depois de liberar a direção da tração aos poucos, mantenha as mãos nesse local e escute por algum tempo:
   - Qual é a sensação na região pélvica, no sacro e nas articulações sacroilíacas?
   - Você percebe ritmos corporais sob as mãos?
   - É o ritmo craniossacral? Se for, quais as suas características e quão lento é seu movimento?
   - Como o seu corpo se sente agora?

Libere o contato com a estrutura óssea e continue palpando o ritmo craniossacral enquanto toca o tecido.

O *still point*

Às vezes, o ritmo craniossacral para de alguns segundos a alguns minutos. Nós chamamos esse fenômeno de *still point*. Os *still points* ocorrem naturalmente no corpo, mas também podem ser ativados externamente.

> Os *still points* auxiliam o sistema craniossacral e a regeneração do corpo, que descansa alguns minutos. Eles também permitem a harmonização do sistema craniossacral enquanto o ritmo da respiração muda e o relaxamento aumenta e se aprofunda.

Os *still points* auxiliam:
- o sistema nervoso parassimpático, que induz:
  - a melhora do relaxamento e do equilíbrio do sistema nervoso autônomo,
  - o relaxamento do tecido conjuntivo,
  - o relaxamento de todo o sistema musculoesquelético, particularmente da coluna e da base do crânio;
- a manutenção do equilíbrio interno;
- o abandono nos níveis físico, emocional, mental e espiritual.

Os *still points* podem ajudar:
- o relaxamento geral e o sono;
- a centralização e o fortalecimento – por exemplo, após períodos de exaustão.

Após o *still point*:
- O ritmo craniossacral recomeça, com frequência mais forte do que antes.
- O cérebro e a área ao redor da medula são purificados e nutridos por novo fluido cerebroespinhal.
- O ritmo craniossacral fica mais equilibrado e pode ser notado mais nitidamente.

Entre as causas de *still points* ativados externamente estão:
- lesão/fratura aguda na cabeça;
- hemorragia cerebral, dilatação vascular ou inchaço das meninges;
- aneurisma cerebral;
- derrame;
- meningite, borreliose (doença de Lyme);
- lesão aguda em chicote, concussão ou impacto;

- esclerose múltipla*, epilepsia*;
- gravidez do primeiro ao terceiro mês e do sétimo ao nono mês*.

Os itens marcados com (*) são mencionados como medida de precaução. Por favor, note também as causas externas gerais na página 28.

Ative o still point na pelve   5-15 min

deitado, também sentado

Como fazer o exercício

Sempre que você perceber o ritmo craniossacral no corpo como rotação externa e interna, use a seguinte técnica:

1. Deite-se de costas e coloque as mãos nas laterais da pelve, como na palpação dos ritmos corporais ou no relaxamento da articulação sacroilíaca (veja as páginas 68-71 e 91-92). Se estiver sentado, toque a parte superior das coxas, próxima da pelve. Palpe o ritmo craniossacral nas rotações externa e interna e observe suas características.

2. Alguns ciclos depois, acompanhe a rotação interna com ambas as mãos até o seu ponto mais profundo e pare, evitando assim a rotação externa. Então o *still point* ocorrerá, às vezes imediatamente, outras após cerca de 30 segundos a um minuto. A ondulação que você sentiu anteriormente na rotação externa diminuirá e desaparecerá aos poucos.

Ou:

Se você sentir o ritmo craniossacral em suas rotações interna e externa, pode ativar o *still point* de forma mais delicada. Não segure continuamente as cristas ilíacas em seu ponto mais profundo de rotação interna; em vez disso, leve o ritmo craniossacral delicadamente ao *still point*, diminuindo e restringindo um pouco a rotação externa enquanto continua com a rotação interna. Esse método pode demorar um pouco mais e pressupõe que você possa palpar/sentir o ritmo craniossacral.

3. O que você sente entre as mãos e no corpo durante o *still point*? Talvez você possa sentir ajustes delicados do próprio corpo, até mesmo uma contração. Quando o *still point* acontecer, deixe as mãos suaves. Pare de manter a parte externa do corpo em rotação interna; deixe suas mãos tocarem e escutarem delicadamente.

Quando o ritmo craniossacral descansa durante um *still point*, às vezes podem ser notados movimentos ainda mais lentos nessa imobilidade (veja as páginas 68-70).

É sempre uma experiência única começar a conhecer os *still points*, sentir as marés média ou longa e experimentar o sopro da vida. Os *still points* podem ser experimentados de maneiras muito diferentes, por exemplo:
- com uma profunda expiração ou bocejo;
- como uma enorme expansão;
- como uma profunda paz;
- como imobilidade dinâmica;
- como relaxamento no mais profundo oceano do corpo ou do universo;
- como a união de corpo, mente e alma.

4. Quando o ritmo craniossacral recomeçar – em geral com uma longa rotação externa –, apalpe os seus movimentos por alguns ciclos:
   - Há quaisquer diferenças? Se houver, quais são elas?
   - As características do ritmo craniossacral mudaram depois do *still point*? Se sim, de que modo?

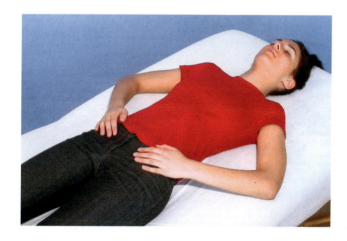

Ativando o *still point* na pelve

Ative o *still point* no osso occipital
(CV4, compressão do quarto ventrículo) 5-10 min

deitado

No crânio, o *still point* pode ser ativado com mais facilidade no osso occipital. A pressão realizada pelo próprio peso da cabeça é transmitida ao sistema intracraniano e influencia o quarto ventrículo cerebral. Esse ventrículo pode ser comprimido delicada e continuamente e, assim, após algum tempo um *still point* se estabelece.

Veja as causas externas nas páginas 28 e 93.

Como fazer o exercício

Use dois saquinhos macios de sementes (você pode encontrá-los em uma loja de brinquedos ou de artigos esportivos). Pegue uma meia e encha-a com os saquinhos, até a ponta. Dê um nó para que os saquinhos se toquem; eles devem ficar próximos para que não se separe nem mesmo com o peso da cabeça. Deitado de costas, coloque a meia com os saquinhos de sementes sob o seu osso occipital. Posicione os saquinhos mais ou menos 2,5 cm acima da borda inferior do osso occipital. É importante não colocá-los muito para baixo (na borda do crânio) ou muito para cima (na sutura lambdoide próxima dos ossos parietais). Relaxe a cabeça por cerca de cinco minutos. Depois de dez a 15 minutos, deixe de lado os saquinhos de sementes. Observe como você se sente agora. Que partes do corpo relaxaram particularmente bem?

Esse exercício não é para todo mundo e os saquinhos de sementes nem sempre são confortáveis. Se esse for o caso, ative o *still point* nas laterais da pelve ou sobre as coxas.

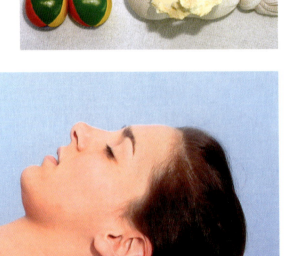

Ativando o *still point* no osso occipital

Relaxe o tecido conjuntivo 3-5 min por posição

sentado, deitado, também em pé

A prática saudável de exercícios, combinada com tratamentos craniossacrais profissionais e diversas outras terapias corporais, pode relaxar o tecido conjuntivo transversal. Os autotratamentos regulares também são ótimos para isso. Quando as estruturas transversais relaxam, as estruturas longitudinais entrelaçadas do tecido conjuntivo são liberadas. O tecido conjuntivo é uma importante matriz. Quando é permeável, ele conecta e auxilia o corpo – em especial o sistema musculoesquelético e os órgãos – em todas as suas funções.

Esse tratamento auxilia e estimula:
- o assoalho pélvico, o diafragma, a região dos ombros/pescoço e a base do crânio;
- estabilidade, força, flexibilidade e mobilidade do corpo;
- a troca mútua de informações entre os segmentos do corpo e o cérebro;
- os vasos sanguíneos, melhorando desse modo o suprimento de sangue e a desintoxicação;
- o curso livre do nervo vago, que melhora as funções autônomas, o que por sua vez melhora a digestão, as funções do coração e da respiração e a comunicação entre "cérebro da cabeça" e o "cérebro da barriga";
- a expressão livre e espontânea da nossa força vital e da alegria de viver.

A técnica de liberação do tecido conjuntivo é simples e eficaz. Ela é semelhante ao exercício "Perceba, relaxe e conecte os segmentos corporais e as transições entre eles" (páginas 57-73). Na verdade, você pode considerar o exercício a seguir uma extensão dele. A diferença é que este exercício é dirigido especialmente para as áreas do corpo com muito tecido conjuntivo transversal e relaxando-as.

Como fazer o exercício (para todas as posições)

1. Com as mãos relaxadas, toque delicadamente o(s) segmento(s) corporal(is) escolhido(s). As palmas e os dedos devem tocar o máximo possível de superfície – como se a sua mão estivesse moldando a estrutura subjacente – sem que haja tensão nas mãos, nos dedos ou nos punhos. De vez em quando, feche os olhos para dirigir a atenção para dentro e também para perceber o relaxamento internamente.

2. Deixe a sua consciência sensorial trabalhar para você: com a prática, inúmeros receptores em suas mãos recebem diversas informações – por exemplo, a mobilidade ou a temperatura da estrutura, tanto na superfície quanto profundamente.

3. Por meio do contato claro e delicado com as superfícies dos dedos e das mãos, você pode sentir o tecido profundamente:
   - Qual é a sensação nessa área?
   - Algo muda quando você respira nesse segmento algumas vezes?
   - O que você sente sob as mãos?
   - Como esse toque é sentido internamente?

4. Você pode aumentar lenta e delicadamente a intensidade do toque e conectar com mais precisão o tecido mais profundo. Não use muita pressão, pois isso pode fazer a estrutura reagir e contrair. A tensão não será eliminada com técnicas manualmente invasivas, mas pode ser suavizada e liberada com "consciência pelo toque". Aceite a tensão como um limite natural e espere com o toque consciente e harmonioso até o tecido sob suas mãos relaxar por si mesmo.

Implementação

As posições a seguir demonstram algumas das inúmeras combinações possíveis. Você pode escolhê-las intuitivamente ou relaxar o tecido conjuntivo transversal de baixo para cima. De vez em quando, feche os olhos para perceber internamente o relaxamento.

Região pélvica

A mão aberta toca a região pélvica. Os dedos mínimos tocam a virilha ou são colocados próximos da região da virilha.

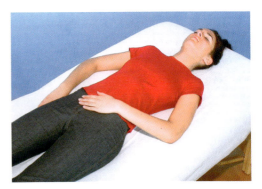

Relaxando a região pélvica

Diafragma

A palma aberta da mão toca a região inferior do arco costal e faz contato com a transição da barriga para a caixa torácica e a região do diafragma.

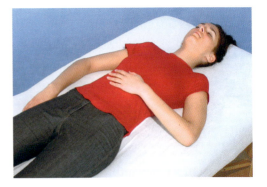

Relaxando o diafragma

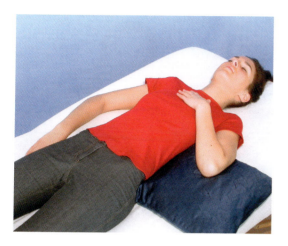

Abertura superior da caixa torácica

Uma das mãos toca e relaxa a abertura da parte superior da caixa torácica. O polegar e o indicador tocam as clavículas enquanto a mão e os dedos tocam o máximo possível da superfície da caixa torácica.

Relaxando a abertura superior da caixa torácica

Tocando o hioide

Conforme demonstrado nas fotos a seguir, neste exercício você deve tocar especificamente o osso hioide, localizado na garganta. Ele é o único osso no corpo que não está diretamente conectado a nenhum outro. Muitos músculos, ligamentos e tendões se ligam a ele e o conectam com o assoalho da boca, a língua, o maxilar inferior e o processo estiloide do osso temporal, bem como com a laringe, o esterno, as clavículas e as escápulas.

O hioide relaxado auxilia:
- a linguagem e o desenvolvimento da voz;
- um assoalho da boca relaxado;
- a conexão com o processo estiloide do osso temporal;
- o funcionamento da tireoide.

Implementação

Localize o hioide colocando com suavidade a superfície do polegar e do indicador alguns centímetros afastadas, acima da laringe e por trás do queixo, diretamente sob o assoalho da boca. Reserve um tempo para que seus dedos possam se conectar delicada e lentamente com o tecido, sem pressão. Para saber se você está de fato tocando o hioide, movimente a língua algumas vezes para cima até o palato e de volta ao assoalho da boca, ou engula algumas vezes. Ao fazer isso, o osso hioide se moverá para cima e para baixo e será mais fácil senti-lo com o polegar e o indicador.

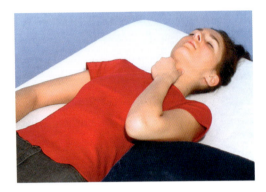
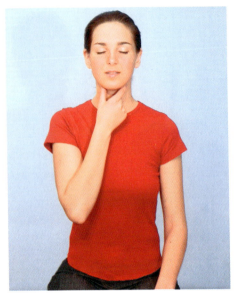

Tocando o hioide e relaxando a região da garganta

Relaxando a base do crânio

Com as palmas abertas sobre o osso occipital, deixe os dedos um pouco separados e entrelaçados. Posicione os polegares na borda do crânio, no osso occipital, e toque-o clara e delicadamente, sem pressão. Palpe e toque o tecido – por exemplo, os músculos na extremidade do occipício – com os dois polegares. Você escuta, palpa, convida à amplitude e à expansão, dando um tempo a si mesmo. Isso relaxa a base do crânio.

Como você sente a estrutura sob suas mãos?
- Você consegue sentir o ritmo craniossacral?
- O que acontece entre as suas mãos, na região da articulação atlanto-occipital?
- Os músculos tornam-se mais macios, mais amplos ou mais elásticos?

Relaxando a base do crânio

Relaxe o tecido conjuntivo – combinações

3-5 min por posição

sentado, deitado, também em pé

Como fazer o exercício (veja a página 98)

Relaxando as regiões da pelve e do diafragma

Pelve e diafragma

Uma das mãos toca o tecido conjuntivo transversal na região pélvica. Os dedos mínimos tocam a virilha ou são colocados o mais próximo possível dela. A outra mão toca a parte inferior do arco costal, faz contato com o diafragma e relaxa essa área. Se a posição e o toque parecerem corretos, você pode fechar os olhos e manter a atenção na consciência sensorial.

Pelve e parte superior da caixa torácica

Uma das mãos continua tocando a região pélvica. A outra mão toca e relaxa a área ao redor da abertura superior da caixa torácica. O polegar e o indicador tocam as clavículas, os dedos e as mãos tocam a maior área possível.

Outras possibilidades: com a mão que está embaixo na região pélvica, mova a que está em cima para tocar o hioide e relaxar a garganta. Essa mão também pode se mover para tocar e relaxar a parte superior do pescoço e a transição para o osso occipital – portanto, a estrutura da base do crânio.

Relaxando a região pélvica e a abertura superior da caixa torácica

Diafragma e abertura superior da caixa torácica

Enquanto uma das mãos toca a parte inferior do arco costal, fazendo contato com a área ao redor do diafragma e relaxando a transição da barriga para a caixa torácica, a outra toca e relaxa a abertura superior da caixa torácica. O polegar e o indicador tocam as clavículas, os dedos e as mãos tocam a maior área possível.

Relaxando a região do diafragma e a abertura superior da caixa torácica

Diafragma e garganta

Uma mão pode continuar posicionada sobre o diafragma enquanto a outra toca o hioide e relaxa a garganta.

Então, mova a mão que está tocando o hioide para a região superior do pescoço e a transição do osso occipital e, usando a maior área possível, relaxe a articulação atlanto-occipital e a base do crânio enquanto a outra mão continua descansando sobre o diafragma.

Relaxando as regiões do diafragma e da garganta

Pescoço e base do crânio

Com uma das mãos toque a região superior do pescoço abaixo da cabeça. O dedo mínimo deve tocar a extremidade do osso occipital, enquanto a outra mão faz contato com a parte superior do pescoço. Então use a outra mão para tocar e se fundir ao osso occipital. O polegar dessa mão pode tocar o dedo mínimo da outra mão. Se a região superior do pescoço e a transição para o osso occipital relaxarem, a base do crânio também relaxará.

Qual é a sensação da estrutura sob uma das mãos? O que você sente sob a outra? Você consegue sentir o ritmo craniossacral se pronunciar mais com a mão sobre o osso occipital à medida que o pescoço relaxa sob a outra mão? O que acontece entre as suas mãos, na região da articulação atlanto-occipital?

Relaxando a região do pescoço e a base do crânio

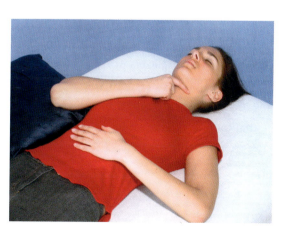

Diafragma e garganta

Use uma mão para tocar e relaxar a região do diafragma; com a outra, entre em contato com o hioide e relaxe a garganta.

Relaxando o diafragma e a garganta

Abertura superior para a caixa torácica e a garganta

Use uma mão para tocar a abertura superior da caixa torácica; com a outra, entre em contato com o hioide e relaxe a garganta.

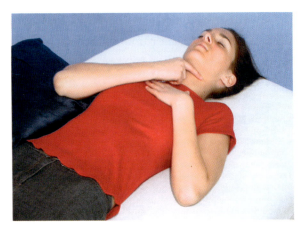

Relaxando a abertura superior da caixa torácica e a garganta

Relaxe o tecido conjuntivo com leve deslizamento da fáscia

2-5 min por posição

deitado

O "deslizamento da fáscia" é outro método para relaxar o tecido conjuntivo e os músculos. Fáscias são membranas protetoras dos órgãos, músculos ou grupos de músculos que consistem em fibras de colágeno e redes elásticas. Elas recobrem a musculatura do rosto, pescoço, tronco e extremidades e são um invólucro orgânico sob a pele. Você pode aplicar esse método em qualquer lugar do corpo.

Como fazer o exercício

1. Use uma ou ambas as mãos para se conectar por meio das suas roupas, de início com a camada da pele e depois delicadamente com as camadas do tecido conjuntivo abaixo. Enquanto sua mão se conecta com a estrutura do corpo, mova-a verticalmente um pouco para cima ou para baixo e então para a esquerda ou para a direita, *sem escorregar sobre a superfície* da pele. Note a resistência da pele enquanto movimenta as camadas do tecido conjuntivo. Puxe a pele e as camadas de tecido conjuntivo e fáscia abaixo somente até onde o tecido livre permitir com facilidade. Se você sentir resistência no tecido enquanto estiver movimentando-o, aceite isso como um limite natural e mantenha a mão nesse local. Preste atenção nessa área e por alguns momentos respire internamente nela.

2. Em consequência, o tecido soltará (em geral pelo calor e pela delicadeza do toque), permitindo que você continue a leve tração do tecido na mesma direção anterior. Quando suas mãos notarem uma nova resistência do tecido, faça como

antes. Então, decida se movimenta e relaxa o tecido na direção oposta – isto é, na horizontal em vez de verticalmente. Você também pode continuar seguindo na direção do tecido que acabou de ser liberado.

3. Depois de ter soltado o tecido sob as suas mãos com o deslizamento da fáscia, em geral ele fica mais macio. Então você pode aos poucos reconectar as camadas mais profundas do tecido que ainda estão contraídas com um toque um pouco mais intenso. Se a sua mão estiver em contato com as camadas mais profundas do tecido, continue deslizando a fáscia, contatando e relaxando repetidamente as estruturas mais profundas.

Ou:

Em lugar de conectar as mãos com o tecido mais profundo, toque a superfície delicada mas amplamente e deixe o tecido sob as suas mãos expandir.

> Durante o deslizamento da fáscia, você pode fechar os olhos e direcionar a atenção para as mãos, para o tecido tocado e se soltando e para a sua consciência corporal holística. O deslizamento da fáscia acontece sem qualquer aplicação de pressão, ela é mais como "surfar" na superfície da pele ou dos músculos.

Com alguma prática, você pode relaxar o revestimento dos órgãos e os próprios órgãos com uma combinação de deslizamento de fáscia e outros tratamentos. Na terapia craniossacral, isso é chamado de *tratamento visceral*; na osteopatia, de *manipulação visceral*. Quando realizado por um terapeuta, esse tratamento ajuda a melhorar a postura e todas as funções corporais. Os terapeutas o utilizam para relaxar o tecido – por exemplo antes de cirurgias. Antes, ao longo e depois de uma gravidez, os terapeutas auxiliam as mudanças no corpo da mãe com o tratamento visceral.

Com frequência o deslizamento da fáscia é usado em combinação com o relaxamento dos segmentos corporais e o tecido conjuntivo transversal.

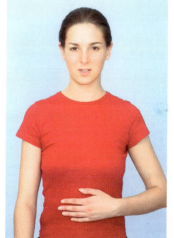

Deslizamento da fáscia: sem deslizar a mão sobre a superfície da pele, o tecido está sendo levemente movimentado

Relaxe a cabeça/os ossos cranianos

Antes de relaxar a cabeça

Antes de demonstrar os relaxamentos suaves da cabeça, há outro lembrete sobre casos especiais. Como precaução, não realize nenhum tratamento da cabeça se houver qualquer um dos seguintes problemas: meningite, lesões/fraturas na cabeça, concussão, lesão em chicote, derrame, doenças do sistema nervoso (esclerose múltipla, epilepsia), saúde geral deficiente, pressão na cabeça ou dores de cabeça/enxaquecas.

Os tratamentos atuam como cuidados com a saúde e relaxamento preventivos; eles não servem para tratar doenças. Se você não se sentir bem por um período mais longo, procure um médico e, mais tarde, consulte um terapeuta craniossacral.

Sugiro que os principiantes, de início, façam os exercícios na ordem aqui relacionada. Primeiro relaxe a base do crânio (onde inúmeros músculos estão ligados, estendendo-se do tronco para cima), depois sinta as suturas cranianas e em seguida encontre os ossos cranianos individuais, nos quais é possível palpar as características do ritmo craniossacral (veja a página 73).

Para integrar os relaxamentos na região da cabeça, recomendo cerca de duas a três posições nas regiões do tronco, da pelve e do sacro.

O simples ato de escutar o ritmo craniossacral é um exercício estimulante e relaxante – uma jornada meditativa com os ritmos das marés do nosso sistema nervoso. Ao escutar de maneira diferenciada os movimentos do ritmo inibido, recebemos dicas contínuas sobre áreas corporais relaxadas ou tensas. Cada estrutura tem uma capacidade para o movimento que depende da mobilidade de todo o sistema. Se uma estrutura está relaxada, a melhora da sua motilidade subsequentemente melhorará a mobilidade geral. O corpo tem um grande poder de autorregulação que equilibra as mudanças de motilidade e mobilidade. Se a autorregulação não for suficiente, recomendo cerca de seis a 12 tratamentos de apoio com um terapeuta craniossacral.

Escute os lentos movimentos do ritmo craniossacral e observe suas características: qual é a velocidade, a amplitude do movimento e a força? Há diferenças entre esquerda e direita nos ossos pareados do crânio?

Depois de efetuar a autopalpação nos ossos cranianos, você será capaz de fazer alguns relaxamentos fáceis do sistema craniossacral. Examine e compare o ritmo craniossacral com os movimentos antes do autorrelaxamento. Assim você terá uma comparação "antes e depois" e poderá continuar o mesmo tratamento com outros exercícios ou combiná-los.

Quanto mais você utilizar os tratamentos desta seção do livro, mais ganhará confiança, tanto com as posições como com a percepção diferenciada dos lentos movimentos de maré do seu corpo. Quanto mais você se familiarizar com esses exercícios, menos precisará seguir essa ordem, podendo decidir intuitivamente que exercício realizar, por quanto tempo e em que combinações.

Relaxe a base do crânio e o osso occipital 5 min
deitado, sentado

Esse tratamento melhora:
- a amplitude e a expansão na região da articulação atlanto-occipital;
- o relaxamento da base do crânio e da região superior do pescoço;
- o relaxamento indireto da articulação temporomandibular.

Como fazer o exercício

Como no exercício "Relaxe o tecido conjuntivo" (página 97), coloque ambas as mãos simultaneamente sobre o osso occipital. Com os polegares na extremidade do osso occipital, relaxe o tecido na região da articulação atlanto-occipital, na base do crânio. O exercício a seguir ajuda a tratar e relaxar a base do crânio e o osso occipital ainda mais diretamente.

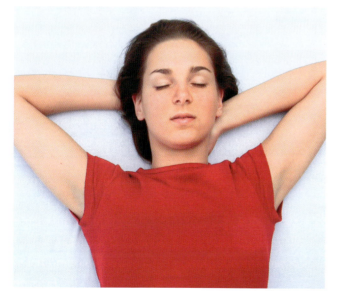

Relaxando a base do crânio e o osso occipital

1. Coloque uma das mãos sobre o osso occipital de modo que o polegar toque diretamente sua extremidade inferior. Use a outra mão para tocar a região superior do pescoço, com a ponta do dedo mínimo tocando a extremidade do osso occipital e levemente o polegar da outra mão. A mão que está embaixo deve entrar em contato com a maior área possível da parte superior do pescoço. Faça um contato claro, escute, sinta, convide a amplitude e a expansão e relaxe a base do crânio que está horizontalmente entre as suas mãos.
   - Qual é a sensação na estrutura sob as suas mãos?
   - Você sente o ritmo craniossacral no osso occipital?
   - O que acontece entre as suas mãos na área da transição da primeira cervical para os côndilos occipitais, a articulação atlanto-occipital?

2. Quando o tecido começar a soltar, coloque a mão sobre o osso occipital e faça uma descompressão suave, muito delicada, em direção ao topo da cabeça. A mão deve deslizar minimamente, cerca de 2 cm em direção ao topo da cabeça. Isso criará um alongamento no pescoço que também afetará os ombros e a região superior da dura-máter espinhal.

Essa liberação suave de pressão não é uma tração ativa, visível, mas um convite claro indicando uma direção, sutil como o esvoaçar das asas de uma borboleta.

Em vez de ser rápida e vigorosa, essa descompressão suave deve acontecer lenta, delicada e regularmente por cerca de 30 segundos a três minutos.

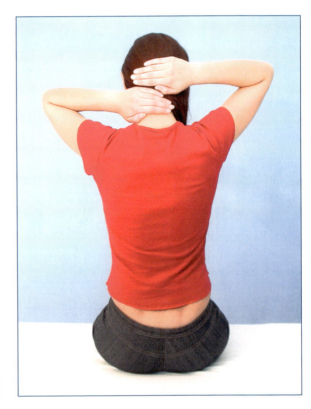

Relaxando a base do crânio e o osso occipital

Harmonize o sistema craniossacral | 109

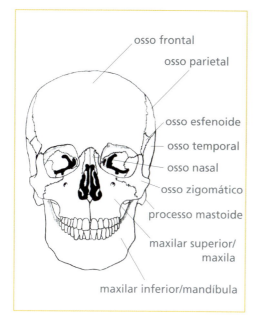

Ossos cranianos vistos de frente

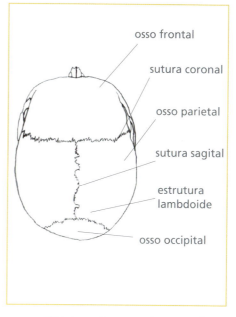

Ossos cranianos e suturas cranianas vistos de cima

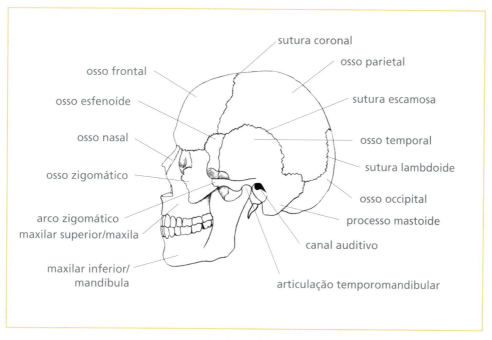

Vista lateral dos ossos cranianos e das suturas cranianas
[da esquerda para a direita em sentido horário]

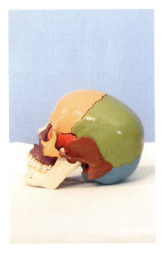 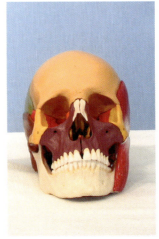 

Da esquerda para a direita: os ossos cranianos vistos de lado, de frente e de costas

Sinta e relaxe as suturas cranianas   2 min por posição

deitado, sentado

Nesse exercício você poderá sentir, tocar e relaxar as suturas cranianas individualmente, o que o ajudará a ampliar a escuta do ritmo craniossacral em diversos ossos cranianos abordados nos exercícios seguintes.

É importante usar um toque preciso e o calor da ponta dos dedos (utilize toda a superfície dos dedos para obter um toque bastante sensível). Também são essenciais a intenção e o convite para promover a expansão sob suas mãos, qualidades essas que são transferidas para o cérebro por intermédio de inúmeros receptores presentes nas suturas e em outras partes do corpo.

Esse tratamento auxilia e estimula:
- a expansão das suturas cranianas;
- o relaxamento das meninges e das membranas intracranianas;
- um ritmo sacral livre e equilibrado.

Como vimos nos capítulos "O sistema craniossacral" (p. 16) e "O ritmo craniossacral" (p. 74), as suturas cranianas não estão fundidas de modo sólido.

Na verdade, a "respiração craniana" depende da flexibilidade de todas as estruturas do sistema craniossacral. Durante o nascimento ou em acidentes, porém, as suturas cranianas podem ficar comprimidas, fixadas ou se tornar bastante estreitas e compactas.

As ilustrações dos ossos cranianos e das suturas, aliadas às fotos, vão ajudá-lo a encontrar as estruturas ao tocá-las. Recomendo observá-las e se familiarizar com os detalhes.

Suturas coronal e sagital com bregma

Embora as fotos e descrições ajudem, só você pode descobrir como essa informação afeta o seu corpo, uma vez que cada pessoa é única. Quando comparamos os lados direito e esquerdo de estruturas ósseas pareadas, nenhuma é absolutamente igual à outra; até o formato arqueado e o percurso das suturas variam.

Ainda que o conhecimento da anatomia seja muito importante, você precisa aprender a conectá-lo com a prática da palpação. Você pode ler quanto quiser; no final, é a experiência que conta. É preciso investigar, sentir e, ao escutar e responder, sustentar os movimentos e, desse modo, a autorregulação. Esses exercícios de autocura transformam-se em jornadas de descoberta nas quais podemos experimentar e aprender inúmeras coisas novas com nosso corpo. Isso só pode acontecer sem estresse, em uma lentidão relaxada.

Como fazer o exercício

Com um toque muito suave da ponta dos dedos, sinta as seguintes suturas cranianas sob o couro cabeludo. Elas são marcadas por uma leve depressão, sulco ou mudança de forma. Novamente: toque, contate e convide a amplitude e a expansão.

A *sutura coronal* liga o osso frontal aos ossos parietais. Coloque a ponta dos dedos sobre a parte superior da testa, um pouco além da linha dos cabelos, onde em geral a sutura coronal pode ser apalpada.

Cotovelos apoiados: sentindo e relaxando a sutura coronal

Apalpando e relaxando a sutura coronal

A *sutura sagital* liga o par de ossos parietais. As unhas de ambas as mãos devem se tocar levemente. Com a ponta dos dedos, sinta a sutura sagital no ponto mais alto da linha média da cabeça. Para a frente, isso conduz ao bregma (a conexão com o osso frontal; para trás, ao lambdoide (a conexão com o osso occipital). Sinta a sutura sagital ao longo do seu percurso.

A *sutura escamosa* liga os ossos temporais, posicionados nas laterais da cabeça, aos ossos parietais. Toque o couro cabeludo acima das orelhas com a ponta dos dedos e sinta a estrutura. De vez em quando, apalpe um pouco mais para cima e mais profundamente a fim de encontrar a sutura escamosa ligeiramente sobreposta.

Massageando delicadamente as suturas cranianas: se você escutou durante algum tempo com a ponta dos dedos e percebeu, por exemplo, amplitude, expansão e calor, amplie o tratamento massageando com leveza as suturas com movimentos circulares lentos e suaves. Isso deve acontecer sem pressão, muito mais lenta e delicadamente do que quando você lava os cabelos.

Sentindo e relaxando a sutura escamosa

Toque os ossos cranianos e escute seus movimentos

5 min por posição

deitado, sentado

Depois de ter sentido as suturas cranianas na cabeça no exercício anterior, agora será fácil encontrar e tocar com precisão os ossos cranianos individuais. As ilustrações e fotografias das páginas 109-110 o ajudarão a se familiarizar com os novos termos e conceitos e o direcionarão para os pontos exatos. Você pode seguir a ordem apresentada ou modificá-la.

Implementação

Conforme vimos nas Partes 1 e 2 deste livro, quando estiver sentado certifique--se de estar ligado à terra e centralizado, com a respiração fluindo facilmente e os ombros e o pescoço tão relaxados quanto possível. Solte um pouco o maxilar inferior. Você não deve se sentir tenso.

Até mesmo a sua intenção de ser receptivo e se conectar aos diversos níveis (cabelo, couro cabeludo, ossos da cabeça, meninges, fluido cerebroespinhal) cria abertura para a ressonância. Nosso nível de consciência sensorial está constantemente sendo treinado e expandido; o sistema nervoso é continuamente sensibilizado por novas impressões. Tudo isso deve acontecer sem esforço e com facilidade – deixe o ritmo vir até você!

A capacidade de apalpar e escutar mais profundamente aumenta com:
- posicionamento dos dedos correto anatomicamente e contato delicado, suave;
- a sua atitude mental: tranquilidade em lugar de concentração;
- a duração (quer você escute por três minutos ou apenas por 30 segundos);
- a frequência da palpação: diária, semanal ou mais regularmente.

Sinta a estrutura de cada osso craniano e das suturas que você conheceu no exercício anterior, uma de cada vez. Dessa vez, toque os ossos cranianos em lugar das suturas cranianas. Como preparação, recomendo o exercício anterior e um pouco de palpação dos ritmos corporais. Qualquer tratamento craniossacral que você tenha recebido de um profissional também facilitará a autopalpação.

Como fazer o exercício

1. Ao tocar os ossos cranianos escolhidos, utilize o máximo da superfície dos dedos e aja de forma lenta e delicada. De vez em quando feche os olhos para observar o relaxamento internamente. Sem tocar as suturas cranianas ou outros ossos cranianos, seus dedos devem conectar:
   - os cabelos;
   - o couro cabeludo;
   - os ossos.

Reserve um tempo para ficar claramente conectado no nível dos ossos. O que você percebe? O que você sente na cabeça e no corpo?

2. Agora saúde as meninges, posicionadas atrás do osso. Cruzando o nível do osso, conecte esse tecido conjuntivo. Os ossos têm uma substância mais firme do que as meninges, que de fato portam certa firmeza, mas comparadas aos ossos são mais maleáveis, elásticas, macias e flexíveis.

3. Saúde também o fluido cerebroespinhal e abre a consciência para o seu fluxo dentro e ao redor do cérebro. Comparado ao nível dos ossos e das meninges, esse fluxo deve ser ainda mais sutil. A escuta estendida e conectada a todas essas estruturas faz tudo ressoar e, assim, a respiração craniana pode ser observada com maior facilidade. Você pode sempre tocar ainda mais delicadamente: deixe o crânio respirar em liberdade e escute os lentos movimentos de maré do ritmo craniossacral.

4. Diferencie as características definidas do ritmo craniossacral (veja a página 76) e os ritmos mais lentos. Você pode observá-los depois dos relaxamentos no crânio (ou depois de um *still point* autoativado) e comparar. Se você palpar a maré média (dois a três ciclos por minuto), continue escutando sem modificar nada. Deixe-se surpreender!

5. Conscientemente deixe o local que você está apalpando e libere o toque com cuidado. Respire fundo algumas vezes e abra os olhos.

> Não fique restrito, firme ou fixado; de vez em quando, verifique a intensidade do toque e ajuste-o sempre, em especial quando ocorrer um relaxamento no tecido ou um *still point*.

> Escute de verdade e palpe as áreas localizadas, deixando as estruturas se ajustarem por si mesmas. A cada vez, aceite quando o tecido precisar de descanso. Você não deve interferir na autorregulação natural; ao contrário, sustente-a por meio do toque delicado. Dê à estrutura o tempo que ela necessita para confiar no seu toque convidativo e se soltar. Nosso subconsciente e a inteligência do corpo sabem mais do que imaginamos. Em geral, menos é mais.

Toque o osso frontal — 3-5 min
sentado, deitado

Mova as mãos na direção da testa e toque o osso frontal com o máximo possível da superfície dos dedos de ambas as mãos. O toque deve ser lento, claro e suave. Sinta a sutura coronal acima do osso frontal e coloque a ponta dos dedos contra ela ou abaixo dela. Os dedos mínimos podem se tocar. Posicione os indicadores sobre o osso

Tocando o osso frontal e escutando o ritmo craniossacral, deitado (veja também as fotos da página 73)

frontal, não nas laterais da cabeça. Isso garantirá que você não apalpe muito para trás (sobre os ossos parietais) nem muito para o lado (sobre os ossos temporais). Os polegares não devem estar sobre a cabeça, mas descansando sobre os indicadores ou a pouca distância da cabeça. A polpa dos dedos deve tocar as sobrancelhas e se conectar de leve com a borda inferior da testa. Continue conforme foi descrito nas instruções 1 a 5, das páginas 113 e 114.

Toque e relaxe os ossos parietais   5 min

sentado, deitado

Toque os ossos parietais

Coloque as mãos nas laterais da cabeça no par de ossos parietais e toque-os com o máximo possível da superfície dos dedos. Toque lenta, nítida e delicadamente. Sinta a sutura coronal ao longo da borda superior do osso frontal e coloque a ponta dos

dedos mínimos bem acima dele, menos de um centímetro para trás e para o lado da sutura sagital. A ponta dos outros dedos deve tocar os ossos parietais. As laterais da cabeça continuam livres; não as pressione com a ponta dos polegares ou com a palma das mãos. Elas não devem tocar a sutura coronal nem restringir lateralmente a sutura escamosa. Os polegares não participam.

Continue conforme foi descrito nas instruções 1 a 5 nas páginas 113-114.

Sentado: tocando os ossos parietais e escutando o ritmo craniossacral

Cotovelos apoiados: tocando os ossos parietais e escutando o ritmo craniossacral

Deitado: tocando os ossos parietais e escutando o ritmo craniossacral

Relaxe os ossos parietais

Esse tratamento promove:
- a flexibilidade da foice cerebral e de outras membranas intracranianas;
- a drenagem do fluido cerebroespinhal e, portanto, a purificação do cérebro;
- a conexão e o equilíbrio dos hemisférios cerebrais;
- a capacidade de aprendizagem e concentração;
- a circulação de sangue no cérebro;
- vasos arteriais e venosos mais fortes, prevenindo assim derrames;
- um ritmo craniossacral menos restrito, mais equilibrado.

O relaxamento dos ossos parietais pode ser estimulado:
- relaxando suavemente os músculos temporais, massageando-os (exercício da página 44);
- localizando e relaxando a sutura escamosa (exercício da página 112).

Os exercícios anteriores são recomendados como preparação para (e podem ser combinados com) os apresentados a seguir.

Como fazer o exercício

Depois de tocar e escutar os ossos parietais (páginas 115-116), você provavelmente recebeu uma impressão do ritmo craniossacral. Agora, com a intenção dirigida para o topo da cabeça, convide os ossos parietais a relaxar.

1. Primeiro, sinta as suturas escamosa e coronal (veja as páginas 111-112). Então, usando os polegares, da ponta aos punhos, ou a ponta dos dedos nas laterais da cabeça, toque com o máximo possível de superfície a extremidade superior dos ossos parietais, sem comprimir quaisquer suturas. Os punhos (ou a ponta dos dedos) não devem tocar a sutura coronal e a ponta dos polegares não deve entrar em contato com a sutura lambdoide.

2. Quando a posição das mãos e a qualidade do toque sobre os ossos parietais estiverem congruentes, descomprima-os sutil e delicadamente na direção do topo da cabeça. Isso relaxa as suturas, as meninges e a foice cerebral. As mãos devem deslizar pouco, porém firmemente, cerca de 2 cm na direção craniana, sem alterar o toque da ponta dos polegares e dos punhos (ou da ponta dos dedos). Essa suave descompressão resulta em uma tração quase imperceptível, mensurável em gramas; ela oferece principalmente um convite claro na direção craniana.

Como já vimos, esse convite é tão sutil quanto o esvoaçar das asas de uma borboleta.

Em lugar de ser rápida e vigorosamente, essa descompressão deve ocorrer de forma lenta, delicada e regular por um período de 30 segundos a três minutos. Depois, palpe para verificar se o ritmo craniossacral ocorre nos ossos parietais e determinar se ele está mais pronunciado e equilibrado, comparando o antes e o depois.

Relaxando os ossos parietais com a ponta dos dedos

Relaxando os ossos parietais com a ponta dos polegares e os punhos

Relaxe os ossos temporais

5 min

Na rotação externa, o ritmo craniossacral expande o par de ossos temporais na região da sutura escamosa; eles giram simultaneamente na direção dos ossos faciais. Na rotação interna, os ossos temporais giram na direção do osso occipital.

Por diversas razões, esses movimentos só podem ser palpados de maneira limitada:
- excesso de tensão nos músculos da mastigação e da garganta, dos ombros, da parte superior do tórax e do pescoço;
- disfunção na base do crânio;
- compressão de diferentes suturas do osso temporal;
- tensões no tentório do cerebelo e outras membranas;
- desequilíbrio no nível do fluido, especialmente flutuação lateral;
- trauma externo.

Com os exercícios das Partes 2 e 3, você já relaxou estruturas diretamente ligadas aos ossos temporais – por exemplo, o masseter, os músculos na região do osso occipital, os ombros e o pescoço, a base do crânio e o segmento da caixa torácica e do pescoço.

Escute o ritmo craniossacral nos ossos temporais

Encontre a sutura escamosa com a ponta dos dedos e posicione-as ao redor das orelhas (cerca de um centímetro) para palpar os movimentos dos ossos temporais nesse local. Em vez de examinar a sutura escamosa, os polegares devem procurar o

Cotovelos apoiados: escutando o ritmo craniossacral nos ossos temporais

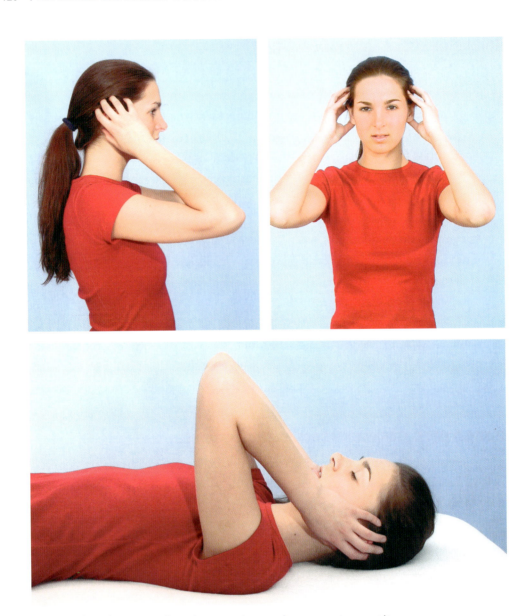

Sentado, deitado: escutando o ritmo craniossacral nos ossos temporais

processo mastoide atrás do lóbulo da orelha; coloque-os aí. Conecte a ponta dos dedos novamente com os cabelos, o couro cabeludo e o nível dos ossos e também sintonize o nível das meninges e do fluido cerebroespinhal. Preste atenção às características do ritmo craniossacral: você pode, por exemplo, palpar o movimento na esquerda e na direita da mesma maneira ou ele é diferente?

Continue com o exercício seguindo as instruções 1 a 5 das páginas 113-114.

Relaxe os ossos temporais com tração suave na orelha

sentado, deitado, também em pé

Esse tratamento:

- alivia a compressão e a tensão na sutura escamosa;
- relaxa a base do crânio;
- relaxa o tentório do cerebelo (a "tenda do cerebelo" – extensão da dura-máter que separa o cerebelo da porção inferior dos lobos occipitais);
- alarga as passagens vasculares na base do crânio, que auxiliam o fluxo de sangue;
- ajuda na função de alguns nervos cerebrais, especialmente o vestibulococlear e o vago;
- contribui com os ossos temporais livres, que mobilizam o osso esfenoide e o osso occipital próximos;
- relaxa a articulação temporomandibular;
- relaxa indiretamente o hioide, a garganta e o pescoço.

Como fazer o exercício

Relaxe os ossos temporais com uma tração regular, muito leve, em ambos os lados da cabeça.

1. Coloque os indicadores no terço inferior das orelhas. Os polegares seguram-nas por trás, logo acima dos lóbulos. Solte de leve o maxilar inferior. Feche os olhos e observe internamente.

2. Com delicadeza, comece a puxar lentamente com uma tração muito suave para os lados, da maneira mais uniforme possível; isso não deve ser sentido como um puxão firme.
   É preferível uma tração bem leve, porém constante, de cerca de um a três minutos do que um puxão muito rápido! A tração excessiva para os lados, sem levar em conta as estruturas de maneira sensível, pode provocar estímulo exagerado. Certifique-se de fazer um convite delicado porém contínuo na direção da liberação, que ocorre ligeiramente para os lados, para trás e para baixo. Dê tempo à estrutura, deixando-a decidir quando, onde e quanta tensão ela deseja liberar.

Escute a sua voz interior avisando quando e o que seu corpo quer soltar; ele se corrigirá sozinho, por meio do seu convite suave. Em vez de forçar a estrutura com procedimentos técnicos, seja claro em sua intenção, mas deixe o corpo trabalhar na autorregulação. Escute de maneira relaxada e sinta cuidadosamente o que, onde e como está mudando.

Se os dois ossos temporais ou a tração suave parecerem diferentes, certifique-se de que a leve tração para os lados seja completamente uniforme. É possível que um osso temporal esteja menos restringido do que o outro. A parte petrosa, região fundamental do osso temporal, protege o tentório do cerebelo. Este pode apresentar diferentes tendências de tensão e inclinação que podem ser palpadas com a liberação crescente na área dos ossos. É incrível notar com o toque dos dedos na cabeça que os dois ossos temporais na verdade não estão realmente separados, mas ligados pelo tentório do cerebelo.

3. Devagar, libere novamente a suave tração nas orelhas para os lados. Explore qual é a sensação agora. Palpe o ritmo craniossacral nos ossos parietais (com os dedos posicionados como no exercício da página 115): ele mudou? Seus lentos movimentos de maré na esquerda e na direita estão mais equilibrados, mais fortes ou mais amplos?

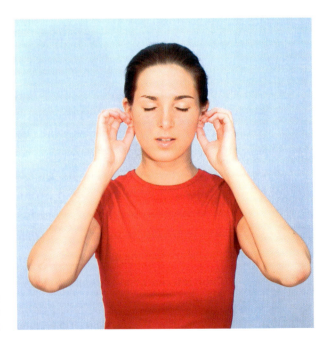

Em pé: relaxando os ossos temporais com tração suave na orelha

Sentado, cotovelos apoiados: relaxando os ossos temporais com tração suave na orelha

Deitado: relaxando os ossos temporais com tração suave na orelha

Relaxe o osso occipital 3-5 min
deitado, sentado

Como fazer o exercício

Nos exercícios nas páginas 96, 100 e 102-103, você aprendeu as diversas posições das mãos e dos dedos para palpar o ritmo craniossacral no osso occipital. Os benefícios desse tratamento também podem ser encontrados naquelas páginas.

A sutura lambdoide, que se estende lateralmente sobre o osso occipital, não deve estar restringida nem comprimida. Escolha a posição mais confortável sobre o osso occipital. Veja como você pode sentir melhor o ritmo craniossacral:

- uma das mãos transversalmente, debaixo do ou sobre o osso occipital;
- ambas as mãos transversalmente, com os dedos entrelaçados sob a cabeça ou na sua parte de trás (a superfície dos dedos palpa o ritmo craniossacral);
- uma das mãos transversalmente na região superior do pescoço e a outra mão transversalmente, debaixo do osso occipital ou sobre ele.

Continue conforme foi descrito nas instruções 1 a 5 das páginas 113-114.

Palpe o ritmo craniossacral no osso frontal e no osso occipital

Coloque uma das mãos transversalmente, debaixo do ou sobre o osso occipital; a outra mão se funde com o máximo possível de superfície de contato ao formato do osso frontal, sem restringir quaisquer suturas.

Relaxe o osso nasal 2 min
deitado, sentado

Um exercício de relaxamento agradável, particularmente benéfico para aqueles que usam óculos!

Esse tratamento propicia:
- o relaxamento dos ossos faciais;
- mais espaço para o osso etmoide, melhorando o olfato;
- a flexibilidade da foice cerebral e de outras membranas intracranianas;
- o ritmo craniossacral dos ossos faciais, dos ossos etmoide e esfenoide;
- a atividade das glândulas na região dos seios paranasal e etmoidal, prevenindo inflamações.

Como fazer o exercício

1. Coloque os dedos médio e anelar de uma das mãos sobre a cavidade ocular sem tocar o globo ocular. Os dedos devem tocar claramente a parte superior das cavidades oculares e a parte inferior do osso frontal, conectando-se a elas.
2. Com o polegar e o indicador da outra mão nas laterais do osso nasal, conecte-se a ele. Reserve um tempo até que a ponta de todos os dedos esteja completamente conectada com as estruturas abaixo dela. Quanto melhor a conexão, mais fácil fica relaxar o osso nasal e a sutura nasal frontal.

Relaxando a sutura nasal frontal

3. Agora, os dedos médio e anelar sobre as cavidades oculares podem firmar-se sobre a superfície para não deslizar na direção da liberação. Se a posição parecer correta, feche os olhos e observe internamente.

4. Ao mesmo tempo, faça uma lenta e delicada descompressão com ambas as mãos, afastando-as uma da outra. As pontas dos dedos médio e anelar, delicadamente apoiadas nas cavidades oculares, relaxam o osso frontal pelo crânio, enquanto os dedos polegar e indicador sobre o osso nasal relaxam-no tanto para a frente quanto para baixo. Aqui a intenção é a mesma do "Relaxe os ossos temporais com tração suave na orelha" (veja as páginas 121-122).

Relaxar essa sutura com ambas as mãos é muito eficaz; entretanto, é preciso um pouco de tempo para se acostumar com a posição do dedo. Você também pode fazer isso com o indicador e o polegar de uma das mãos. Posicione-os de modo que eles toquem a extremidade mais alta do osso nasal, com a extremidade superior tocando as cavidades oculares ou o osso frontal. Se os dedos estiverem bem conectados aos ossos, a direção de liberação será para longe da sutura – isto é, para a frente quando sentado ou para cima quando deitado.

Sinta e relaxe os ossos faciais   2-5 min por posição

deitado, sentado

Somos particularmente sensíveis, reagindo bem ao toque suave na região do rosto. Quando estruturas dos ossos faciais se soltam, os outros ossos cranianos são mobilizados. A visão e o olfato também são beneficiados com isso.

Compressões traumáticas dos ossos faciais – por exemplo, devido a uma colisão ou queda – se transferem para o osso esfenoide e por toda a base do crânio. Um osso zigomático comprimido influencia os movimentos do osso temporal, com frequência pelo arco zigomático.

Esse tratamento promove:
- o relaxamento dos ossos faciais e das estruturas ao redor;
- o relaxamento de inúmeros músculos, ligamentos e fáscia na região do rosto;
- um ritmo craniossacral menos limitado, mais equilibrado.

As fotos e ilustrações das páginas 109-110 vão ajudá-lo a diferenciar os ossos faciais, o que lhe permitirá uma palpação mais exata.

Como fazer o exercício

Toque os ossos faciais com a ponta dos dedos e convide a amplitude e a expansão. Esteja você sentado ou deitado, toque com a palma, mantendo e estabilizando a posição da mão.

1. Solte os braços, os punhos, as mãos e os dedos. Lenta e delicadamente comece a tocar toda a região lateral do rosto e as bochechas com os dedos. Sinta a forma e a textura, o tônus dos músculos e as potenciais diferenças entre esquerda e direita. A superfície dos dedos deve fazer um contato claro com o nível dos ossos por meio da pele e do tecido. O que você percebe? De novo, convide a amplitude e a expansão e escute, relaxado, essas sensações. Após algum tempo, tire os dedos. Qual é a sensação comparada com a anterior?
   Esse tratamento pode ser combinado com "O segmento ocular", página 62.

2. Agora, sinta lentamente com a ponta dos dedos um ou diversos ossos faciais. As articulações flexíveis dos dedos podem facilitar o toque. Quando a ponta dos dedos tiver criado um contato claro com os ossos faciais individuais, convide de novo a amplitude e a expansão e dê tempo suficiente para a estrutura se soltar. Os polegares não participam e podem tocar de leve o maxilar inferior.

3. De vez em quando, posicione os dedos mais para o meio ou para os lados na direção das orelhas, para se familiarizar com toda a região facial, tocando-a e relaxando-a.

A ponta dos dedos pode tocar os seguintes ossos faciais individualmente:

Ossos zigomáticos e maxilar superior/maxila:

Posição 1: os dedos anelares, médios e indicadores tocam os ossos zigomáticos, os dedos mínimos entram em contato com o maxilar superior/maxila (foto da direita).

Posição 2: enquanto os dedos anelares, médios e indicadores tocam os ossos zigomáticos, os dedos mínimos entram em contato com o maxilar superior/maxila abaixo do nariz e o dedo anelar toca as laterais do nariz (foto da esquerda).

Cotovelos apoiados: sentindo e relaxando os ossos faciais

Ossos zigomáticos, maxilar superior/maxila e arco zigomático:

Enquanto os dedos anelares e médios tocam os ossos zigomáticos, os indicadores tocam o arco zigomático e os dedos mínimos entram em contato com o maxilar superior/maxila abaixo ou nas laterais do nariz.

Sentindo e relaxando os ossos faciais

Relaxe as articulações temporomandibulares 2-5 min
sentado, deitado, em pé

Conforme vimos no exercício "Palpe, suavize e massageie os músculos da mastigação" (veja a página 43), os músculos da mastigação em geral são muito tensos, confirmando o estresse da nossa vida cotidiana e também nos levando a cerrar os dentes com frequência ou rangê-los à noite. A tensão crônica dos músculos, ligamentos, tendões e da fáscia ao redor do maxilar pode forçar essas complexas articulações e esgotá-las precocemente, em um ou em ambos os lados.

Como fazer o exercício

Toque de leve as estruturas sobre a articulação temporomandibular e ao redor dela com os dedos. A articulação temporomandibular relaxará e se sentirá aliviada.

1. Coloque os dedos indicadores, médios e anelares nas laterais da cabeça, bem na frente das orelhas. Posicione a ponta dos dedos acima do canal auditivo (veja a foto da direita, abaixo). Libere o maxilar inferior e expire toda a tensão sentida pela boca um pouco aberta. Feche os olhos e observe internamente.

2. Por meio da pele, a superfície dos dedos deve se conectar com as camadas de tecido, músculo e fáscia, que circundam a articulação temporomandibular:
   - Qual é a sensação nelas?
   - A articulação dos maxilares direito e esquerdo parece diferente? Se sim, de que maneira?

3. Deixe o toque mais leve, sem perder o contato firme com a estrutura. Você sente calor, expansão ou expansão do tecido? De novo, o toque deve convidar a amplitude e a expansão. Escute as liberações e o que você percebe no seu corpo.

Tocando e liberando o tecido ao redor das articulações do maxilar

Massagem nos músculos da mastigação

Relaxar os ossos faciais e as articulações do maxilar, bem como liberar os maxilares superior e inferior e os músculos da mastigação, entre outros, permite tratar essas estruturas. Nesse ponto, lembre-se das automassagens em "Palpe, suavize e massageie os músculos da mastigação" (página 43). Um grande bocejo e o exercício "Suavize/alise o rosto" (veja a página 45) também podem ter um efeito liberador e regulador no tônus de todos os músculos da mastigação e na articulação temporomandibular.

Relaxe o masseter a partir do interior da boca: é possível tocar o músculo masseter começando pelo interior da boca. Antes de iniciar, lave bem as mãos.

Como fazer o exercício

Abra a boca apenas o bastante para sentir lenta e delicadamente o masseter, na região das bochechas, com os dedos indicador ou mínimo dentro da boca. Se você não tem certeza se está tocando o local certo, abra um pouco mais a boca para que o masseter se alongue e se revele de maneira inequívoca como o músculo mais forte da mastigação, da mordida. Toque-o com a ponta dos dedos bem suave. Os dedos indicador ou mínimo devem estar fora da fileira de dentes e podem tocar o canto da boca, que deve ser ligeiramente fechada outra vez. Com isso, o masseter fica mais macio e receptivo ao toque suave. Ao executar esse exercício, expire todas as tensões pela boca um pouco aberta.

Toque e relaxe o maxilar superior/maxila — 3 min por posição
deitado, sentado

O osso do maxilar superior (maxila) consiste em duas partes principais conectadas pela sutura palatina mediana. Ele está ligado ao osso esfenoide pelo osso palatino, o vômer e o etmoide. O maxilar superior cria as cavidades nasais, o palato duro e as cavidades oculares. Ele também é importante para a fala e para o desenvolvimento da voz. Uma mordida alinhada depende muito da cooperação harmoniosa dos maxilares superior e inferior, dos ossos temporais, da articulação temporomandibular e dos músculos da mastigação.

Esse tratamento estimula:
- o relaxamento e a amplitude do maxilar superior e, portanto, dos ossos palatino e esfenoide, dos ossos nasais e lacrimais e do osso etmoide;
- um ritmo craniossacral menos limitado, mais equilibrado.

Encontre mais informações a esse respeito no exercício "Relaxe o osso nasal" na página 124.

No exercício "Sinta e relaxe os ossos faciais" (páginas 126 e 127), o maxilar superior é tratado junto com outros ossos faciais. Abaixo, um tratamento específico para o maxilar superior.

Como fazer o exercício

De início, toque o maxilar superior com a ponta dos dedos e relaxe suavemente, convidando a amplitude e a expansão. Depois, ele pode ser relaxado com a posição "polegar no palato", com uma delicada descompressão.

Toque o maxilar superior

Coloque a ponta dos dedos sobre o maxilar superior, com os dedos mínimos abaixo do nariz, os anelares próximos da asa (o lado de fora de cada narina) do nariz e os dedos médios e indicadores embaixo do arco zigomático. Os polegares não participam, mas podem tocar suavemente o maxilar inferior.

O restante do exercício é igual a "Sinta e relaxe os ossos faciais" (página 126). Deixe a ponta dos dedos se conectar lentamente por meio da pele com o osso do maxilar superior, convide a amplitude e a expansão e escute os movimentos e as sensações.

Tocando o maxilar superior

Relaxe o maxilar superior

1. Antes de começar, lave as mãos. Para a posição "polegar no palato", relaxe o maxilar inferior e abra ligeiramente a boca. Agora, mova bem devagar o polegar dentro da boca até a linha média do maxilar superior, na região frontal do palato duro.

   Fora da boca, o meio do dedo indicador deve tocar diretamente a pele sob o nariz, acima dos dentes, e se conectar por meio do tecido com o maxilar superior. A intensidade do toque pode diminuir à medida que o contato com a estrutura fica ainda mais claro.

   Nota: o maxilar inferior pode relaxar e a respiração fluir livre. Enquanto isso, observe a sua pelve, ligue-se à terra e centralize-se. Feche os olhos e escute internamente.

2. Quando houver um contato claro, faça bem devagar uma descompressão leve, suave; trabalhe de forma constante e na direção da ponta do nariz/bochecha, para a frente e para baixo.

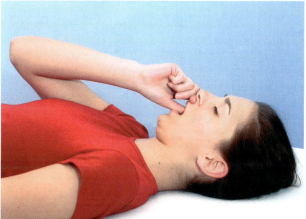

Relaxando delicadamente o maxilar superior com leve descompressão

> Não exerça nenhuma tração; o convite é suficiente! Com essa descompressão, as estruturas afetadas não são superestimuladas, mas respeitadas dentro dos seus limites. Durante a descompressão, palpe sempre que as diversas estruturas relaxarem por si mesmas com o seu convite.

O maxilar superior pode ser liberado de compressões em diversas direções: afastando-se do rosto para a frente, em direção aos pés, em direção à esquerda ou à direita (pois libera melhor em uma direção do que em outra) ou em uma combinação delas. Por isso você deve escutar, sem intenção, a direção em que o maxilar superior quer se soltar. Dê tempo suficiente para a estrutura harmonizar-se por si mesma.

Relaxe o maxilar inferior/mandíbula 2-5 min
deitado, sentado

A posição desse tratamento é semelhante à do exercício "Palpe, suavize e massageie os músculos da mastigação" (página 43) e pode ser combinada com ele. Algumas ideias sobre o relaxamento da articulação temporomandibular/maxilar inferior-superior e os motivos para esse relaxamento já foram apontados nos exercícios anteriores.

Esse tratamento auxilia e estimula:
- a liberação da articulação temporomandibular, dos músculos da mastigação, da base do crânio, do assoalho da boca, dos segmentos do hioide e do pescoço e da região dos ombros/pescoço;
- o tronco inteiro, inclusive a pelve e os quadris.

Como fazer o exercício

Toque o maxilar inferior nos dois lados com o máximo possível da superfície dos dedos e relaxe-o continuamente com uma suave descompressão em um ângulo de cerca de 30 a 45 graus para a frente e para baixo.

1. Toque todo o maxilar inferior com os dedos: comece na parte superior próxima das articulações do maxilar e a partir daí toque o canto e todo o maxilar inferior na direção do queixo (veja a primeira foto da página 134).

Para isso, coloque os dedos médios e anelares, que devem se tocar, nessas partes do maxilar. Os dedos mínimos tocam os anelares e parte dos músculos faciais. Os indicadores devem sentir a borda inferior do maxilar inferior e então são posicionados em cima ou abaixo dela. Tanto as palmas das mãos quanto os punhos podem se tocar e formar uma base estabilizadora. Os dedos médios, anelares e indicadores devem se conectar do modo mais abrangente possível com toda a estrutura óssea do maxilar inferior.

É importante ter um contato claro com o nível dos ossos, pois do contrário a descompressão relaxaria apenas a pele e o tecido conjuntivo. Você pode aumentar ligeiramente a qualidade do toque para conectar, por meio do nível da pele, tecido, músculos, tendões e ligamentos, com o nível dos ossos. Então escute por alguns instantes a sensação do toque e observe se qualquer coisa muda nesse local ou no corpo em geral. Feche os olhos para ficar internamente consciente.

2. Depois de estabelecer um contato claro com o maxilar inferior, faça uma descompressão muito suave, lenta e delicada. Isso deve ocorrer de forma regular na direção do queixo em um ângulo de 30 a 45 graus diagonalmente na direção do chão (quando sentado) ou diagonalmente na direção dos pés (quando deitado).

Para a descompressão, faça igual ao maxilar superior: as estruturas afetadas não são estimuladas por uma tração forte, perceptível, mas delicadamente convidadas a liberar a tensão na direção de 30 a 45 graus diagonalmente. Palpe o local para determinar em que direção as estruturas desejam relaxar.

O maxilar inferior pode relaxar na mesma direção do maxilar superior: afastando-se do rosto para a frente, na direção dos pés, para os lados esquerdo ou direito ou uma combinação disso. Escute para determinar em que direção o maxilar inferior começa a liberar e observe cada pausa quando o tecido precisar de um descanso. Não interfira na autorregulação natural, mas permita que ela ocorra com o seu toque suave e convidativo.

3. Durante a descompressão regular, é possível que os seus dedos deslizem, lentamente e sem intenção, na direção da ponta do queixo (conforme visto na segunda foto na página 134). Apesar desse movimento, permaneça em contato com o nível dos ossos do maxilar inferior. Se os dedos deslizarem ainda mais na direção do queixo, libere o toque. Decida se deseja repetir a mesma técnica de liberação com os dedos novamente posicionados ou se prefere apenas observar a sensação do relaxamento até esse ponto.

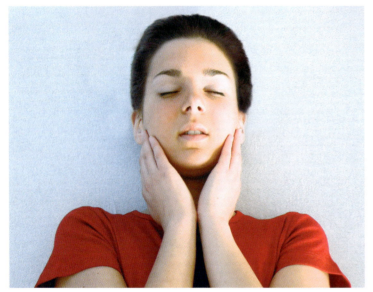

Tocando e relaxando
o maxilar inferior

Técnica *V-spread*

2 min por posição

sentado, deitado, em pé

Sutherland falou sobre "direcionar a maré". A técnica *V-spread* focaliza o direcionamento da energia. Ela é simples e com frequência muito eficiente. De início essa técnica atua no nível energético, mas depois continua afetando o nível estrutural físico. A afirmação "A energia acompanha a intenção" está de acordo com a técnica *V-spread*, uma vez que aqui a intenção é capaz de modificar a energia.

A técnica *V-spread* oferece um relaxamento muito suave para as estruturas interligadas. Ela também pode ser utilizada para harmonizar tecido traumatizado – por exemplo, quando você colidiu contra alguma coisa. A foto mostra esse tratamento na patela. O *V-spread* pode ser usado em todo o corpo, em especial nas suturas cranianas.

Como fazer o exercício

1. Os dedos indicador e médio de uma das mãos formam um *V* e são colocados sobre a estrutura a ser equilibrada, de modo que ela fique posicionada entre eles (veja a foto). A ponta do indicador esticado da outra mão toca o lado oposto do *V*.

2. O indicador apontado para o *V* serve como o dedo direcionador da energia; a zona dentro do *V* é o local onde a tensão do tecido será descarregada e liberada. Com o dedo indicador direcionando a energia, envie energia liberadora e relaxante para o *V*. Ela fluirá diametralmente através do tecido e começará a liberá-lo, bem como a região do *V-spread*. Enquanto isso, visualize como a energia relaxante se movimenta do dedo indicador para o lado, então de volta ao indicador e de novo para o lado traumatizado, onde a energia pode ser liberada na região do *V*. A estrutura dentro e ao redor dessa área poderá assim se reorganizar.

Feche os olhos de vez em quando para observar internamente. Quando o efeito relaxante dessa técnica for perceptível e agradável, aplique o *V-spread* por dois a cinco minutos por posição. Você sente alguma diferença?

Informações importantes sobre a terapia craniossacral

Originada da osteopatia craniana, a terapia craniossacral se estabeleceu e se desenvolveu como uma forma independente de terapia nas últimas décadas. Cada vez mais fisioterapeutas, massagistas, terapeutas alternativos, parteiras e outros profissionais se especializam em terapia craniossacral. Ela é aplicada em diversos contextos – por exemplo, na reabilitação e no cuidado de enfermos, idosos e doentes terminais. O tratamento auxilia bebês, crianças e adultos nas fases de crescimento, transformação e regeneração. O tratamento craniossacral trata o sistema em lugar dos sintomas, sendo eficaz porque, ao equilibrar o sistema craniossacral, estimula o poder de autocura do corpo e, em consequência, diminui ou dissolve os bloqueios físicos. Além de fazer os exercícios sozinho, o ideal é experimentar os tratamentos craniossacrais com um profissional especializado.

A terapia craniossacral pode ser útil para:
- asma
- problemas respiratórios
- hérnia de disco
- dor ciática
- pressão alta
- depressão
- exaustão
- disfunções hormonais
- distúrbios de audição (como zumbido)
- hiperatividade
- dificuldade de concentração e de aprendizagem
- disfunções motoras e sensoriais
- distúrbios do sono
- espasmos musculares
- estresse
- problemas de congestão
- problemas com os dentes e maxilares (bruxismo)
- gravidez (durante e depois)
- acidentes e após choques
- dores de cabeça, enxaquecas

Como é o tratamento com um terapeuta craniossacral?

Usando roupas comuns, o cliente deita em uma mesa de massagem onde é possível relaxar por mais ou menos uma hora. A ordem do tratamento varia muito, dependendo da experiência do profissional, do objetivo do tratamento, da reação do cliente e do processo individual da sessão. O terapeuta palpa delicadamente, por exemplo, os pés, o sacro, as estruturas no tronco, a base do crânio e a cabeça. A cabeça é tocada com suavidade e recebe uma leve pressão (cerca de 1 a 2 gramas, 5 gramas no máximo).

O ritmo craniossacral e os ritmos corporais mais lentos costumam se revelar mais livremente durante um tratamento craniossacral. As meninges do cérebro e da medula espinhal – o revestimento do nosso sistema nervoso central – podem ser aliviadas de tensões, compressões e contorções. Esse processo às vezes é acompanhado de lembranças – por exemplo, de quedas, acidentes ou outras ocorrências traumáticas. A ativação temporária do sistema nervoso e a atenção confiante do terapeuta ajudam a liberar essa memória celular. O terapeuta proporciona espaço e tempo para isso, acompanhando o cliente e oferecendo-lhe recursos.

Ao estar presente, escutando o ritmo craniossacral e tocando com suavidade as diferentes partes do corpo do cliente, o terapeuta auxilia a harmonização do seu sistema craniossacral. Os profissionais observam principalmente o nível de determinados fluidos, em particular o fluxo do fluido cerebroespinhal. Eles têm métodos de tratamento diferentes: biomecânico, funcional ou biodinâmico. O monitoramento do processo interativo, bem como as habilidades de interlocução, são importantes no tratamento.

O tratamento craniossacral ajuda o corpo a se soltar e a relaxar de fora para dentro. Ao mesmo tempo, diversos ritmos movimentam todas as estruturas do corpo de dentro para fora. Esses movimentos vitalizantes e reorganizadores do centro para a periferia do corpo ajudam a aliviá-lo dos bloqueios da linha mediana para fora. Assim, são diversos os efeitos de uma sessão, e eles estimulam a cura no corpo.

O tratamento profissional ajuda a harmonizar diversos sistemas corporais, o que estimula a autorregulação e o poder de autocura, fortalecendo o sistema imunológico e, assim, auxiliando e preservando a saúde.

Elementos não estruturais do tratamento craniossacral

Esse tratamento tem um efeito relaxante e equilibrante não apenas no nível físico. No decorrer de uma ou mais sessões, você experimentará cada vez mais momentos em que percebe o corpo, a mente e a alma não em separado, mas como algo único. Se sentirmos, por exemplo, amplitude, confiança, paz e felicidade durante um relaxamento profundo, ficará cada vez mais fácil nos conectarmos a esses recursos em nossa vida cotidiana. Todas essas experiências são naturais quando confiamos nelas e nos envolvemos com elas.

Na dimensão não estrutural do tratamento, existe um princípio superior de cura natural. Talvez seja a característica suave, não invasiva e não manipulatória do tratamento craniossacral que permita e estimule um impulso natural para a cura e a totalidade até o nível celular. Com o craniosacral_flow® e outras modalidades suaves de terapia craniossacral, quase não há influência invasiva manual ou pressão externa na estrutura do corpo. O toque suave facilita escutar os lentos movimentos rítmicos. Um profissional habilidoso pode receber informações sobre tecidos livres, tensos, compactados ou bloqueados, liberando-os de forma delicada.

Em geral, restrições físicas e emocionais estão interligadas. Elas são aceitas e percebidas. Tudo, até mesmo uma forte tensão nas estruturas do corpo, diz algo sobre a história da pessoa. Os terapeutas craniossacrais confiam em sua intuição tanto quanto nas mensagens do corpo – isto é, "o médico interior", "o curador interior" ou o "xamã interior" no cliente.

O toque atento e consciente nos treina para escutar a dinâmica curadora, estimulante dos ritmos corporais. A consciência sensível se aprofunda a cada tratamento, tanto no cliente quanto no profissional. Essa experiência nunca termina; ela pode se expandir e acompanha os terapeutas por toda a vida.

Termos e definições

abrangência, espectro	amplitude (do ritmo craniossacral)
anatomia	ciência da estrutura do corpo
anterior	frente; na direção da frente
apalpar	sentir, perceber (distinguir pelo toque e sensação)
aracnoide-máter	camada das meninges semelhante a uma teia de aranha entre a dura e a pia-máter
articulação atlanto-occipital	conexão dos ossos atlas e occipital
articulação sacroilíaca	articulação que conecta os ossos ilíacos e o sacro
articulação lombossacral	L5/S1; conexão da última vértebra lombar com o sacro
autopalpação	sentir/perceber o corpo com os dedos ou as mãos
bregma	ponto de encontro das suturas sagital e coronal
caudal	para baixo; em direção aos pés (oposto de craniano)
coluna lombar	as cinco vértebras na região inferior das costas
côndilo occipital	parte craniana da articulação atlanto-occipital; protuberâncias na parte posterior do crânio que se conectam com a vértebra atlas
contraindicação	aviso ou motivo para não utilizar certo medicamento ou procedimento terapêutico/diagnóstico
corpo amigdaloide	parte do sistema límbico
craniano	da cabeça ou em direção à cabeça (oposto de caudal)
descompressão	alívio da pressão
diafragma	o principal músculo da respiração; separa/conecta o tórax e o abdome
diamétrico	relacionado a um diâmetro
disfunção	mau funcionamento; distúrbio
drenar	liberar fluido acumulado
dura-máter craniana	tecido conjuntivo forte que reveste o cérebro e o interior do crânio
dura-máter espinhal	tubo dural
abertura torácica	abertura superior da cavidade do tórax
estática	corpos em descanso ou em equilíbrio; em equilíbrio natural
extensão	oposto de flexão (veja a descrição na página 75); alongamento
flexão	oposto de extensão (veja a descrição na página 75); curvar-se

foice cerebral	parte da dura-máter em formato de foice; separa as duas metades do neocórtex e conecta as partes de trás e da frente do crânio
foice do cerebelo	parte da dura-máter em formato de foice; divide as duas metades do cérebro e conecta o tentório ao forame magno
forame magno	abertura no occipício para a medula da coluna; maior abertura na base do crânio
fulcro	ponto sobre o qual alguma coisa gira
glândula pineal	epífise
granulações aracnoides	pequenas formações da aracnoide através da dura para os seios venosos, transferindo o fluido cerebroespinhal craniano para os seios venosos para que ele possa entrar na corrente sanguínea
indicação	motivo para aplicar um procedimento terapêutico ou diagnóstico específico
intraoralmente	dentro da boca
ísquios	ossos sobre os quais o corpo descansa na posição sentada
lateral	de lado; para o lado
ligamento	faixa de tecido que conecta dois ossos ou estruturas ou mantém um órgão no lugar
fluido cerebroespinhal	fluido do cérebro e da medula espinhal
mandíbula	osso maxilar inferior
maré longa	movimento de maré com cerca de um ciclo por 100 segundos
maré média	movimento de maré com cerca de dois a três ciclos por minuto
mediana	em direção ao meio
memória celular	lembrança de experiências que são armazenadas nas células do corpo
meninges	membranas que revestem o cérebro e a medula espinhal
mobilidade	flexibilidade geral; habilidade para reposicionar
motilidade	flexibilidade individual interior; movimento intrínseco; habilidade para se mover espontaneamente
MRP	mecanismo respiratório primário
músculo reto abdominal	importante músculo abdominal que conecta o osso púbico e o esterno
nervo vago	nervo mais longo do sistema nervoso parassimpático
neurônio motor	célula nervosa que transmite impulsos musculares
oclusão	o modo como os dentes se encaixam ao morder

osso atlas	primeira vértebra cervical
osso esfenoide	situado na base do crânio, atrás dos olhos
osso etmoide	osso semelhante a uma peneira situado entre os olhos e o globo ocular; forma o topo da parte de dentro da região superior do nariz
osso hioide	sustenta os músculos da língua
osso maxilar	maxilar superior
osso occipital	occipício
osso palatino	osso localizado no assoalho da boca
osso parietal	osso que reveste o topo da cabeça
osso petroso	parte do osso temporal
patológico	ligado a doença ou patologia
peristaltismo	movimentos digestivos e ruídos do estômago e dos intestinos
pia-máter	parte macia das meninges diretamente aderidas ao cérebro e à medula espinhal
plexo coroide	nódulo arterial no ventrículo que produz líquido cefalorraquidiano
plexo solar	plexo nervoso autônomo da região superior do abdome
posterior	atrás; na direção da parte de trás
processo coronoide	parte do maxilar inferior
processo mastoide	protuberância óssea do osso temporal atrás e abaixo da orelha
pulso terapêutico	indicação energética física de liberação de tensão no tecido
reabsorver	assimilar (por exemplo, substâncias dissolvidas na corrente sanguínea)
receptores	células nervosas que percebem estímulos específicos
regulação	disposição dos sistemas de órgãos de um organismo vivo por meio de diversos mecanismos de controle (como hormônios, nervos); adaptação automática de um ser vivo a mudanças ambientais pela manutenção de uma condição fisiológica de equilíbrio
REI	rotação externa/interna, como na flexão/extensão
ritmo	movimento estruturado de maneira uniforme; mudança periódica; repetição regular de processos naturais
ritmo craniossacral	cerca de seis a 12 ciclos por minuto
seio venoso	grande cavidade no crânio; o fluido cerebroespinhal flui através das granulações aracnoides para os seios venosos e daí para as veias/corrente sanguínea

sintoma	sinal de certa doença; mudança patológica característica de determinado padrão de doença
sistema endócrino	sistema glandular
sistema nervoso autônomo	parte do sistema nervoso não subordinada à influência da vontade e da consciência (composto de nervos e células ganglionares)
sutura coronal	conecta os ossos frontal e parietais
still point	pausa curadora no ritmo craniano ou nos ritmos mais lentos
sutura frontonasal	sutura entre os ossos frontal e nasal
suturas	fendas ou conexões entre os ossos
tálamo	parte do diencéfalo do cérebro; ponto de reunião e transição para estímulos internos e externos; entrada para a consciência
tecido conjuntivo	tecido que separa, conecta, divide, reveste e protege; pode ser firme, elástico ou solto
técnica *V-spread*	técnica de direcionamento de energia
timo	glândula acima do coração e atrás do esterno; principal órgão do sistema linfático; produz linfócitos T, importantes para a função imunológica
tônus	condição de leve tensão (contração parcial) no tecido muscular
trocânter maior	protrusão óssea próxima da extremidade do fêmur (osso da coxa)
vértebras cervicais	a coluna na região do pescoço; as primeiras sete vértebras C1-7
vértebras torácicas 1-12	as 12 vértebras que estão conectadas às costelas de cada lado
visceral	referente aos órgãos internos ou vísceras
vômer	osso em forma de arado, parte do septo dentro do nariz

Combinação de tratamentos

Possíveis combinações das Partes 1, 2 e 3: três exemplos

Exemplo 1
Sacuda e solte o corpo, p. 34
Palpe, relaxe e massageie os músculos da mastigação, p. 43
Sinta e observe a respiração e "respiração circular", p. 50-51
Recursos: conectar-se conscientemente com fontes de poder, p. 52
Consciência corporal holística, p. 65
Escute o ritmo craniossacral ou ritmos mais lentos nas coxas, nas laterais da pelve e na cabeça, p. 71
Perceba e diferencie os ritmos corporais, p. 68
Relaxe o tecido conjuntivo com leve deslizamento da fáscia (1-2 posições), p. 104
Sinta e relaxe as suturas cranianas (1-2 posições), p. 110
Ative o *still point* no osso occipital, p. 95
Tração suave na orelha, p. 121
Toque e relaxe o sacro e o osso occipital, p. 89
Sinta o sacro, a espinha dorsal e sua conexão com o osso occipital, p. 54
Sinta os pés, as pernas, a pelve, o sacro: ligue-se à terra, centralize-se e conecte-se, p. 53

Exemplo 2
Dê tapinhas, sacuda e faça vibrar os músculos, p. 35
Alongue-se e ajuste o corpo, p. 36
Relaxe o arco costal (costelas inferiores), p. 39
Massagem na barriga, p. 41
Palpe, relaxe e massageie os músculos da mastigação, p. 43
Recursos: conectar-se conscientemente com fontes de poder, p. 52
Sinta os pés, as pernas, a pelve, o sacro: ligue-se à terra, centralize-se e conecte-se, p. 53
Sinta a caixa torácica, as escápulas, os ombros, os braços, a coluna cervical, a cabeça, p. 56
Consciência corporal holística, p. 65
Escute o ritmo craniossacral ou ritmos mais lentos nas coxas, nas laterais da pelve e na cabeça, p. 71
Perceba e diferencie os ritmos corporais, p. 68

Ative o *still point* na pelve, p. 94
Relaxe o tecido conjuntivo, p. 97
Tração suave na orelha, p. 121
Sinta o sacro, a espinha dorsal e sua conexão com o osso occipital, p. 54
Sinta os pés, as pernas, a pelve, o sacro: ligue-se à terra, centralize-se e conecte-se, p. 53

Exemplo 3
Dê tapinhas no timo, p. 37
Massagem no couro cabeludo, p. 46
Massagem nas orelhas, p. 47
Recursos: conectar-se conscientemente com fontes de poder, p. 52
Sinta o sacro, a espinha dorsal e sua conexão com o osso occipital, p. 54
Sinta partes individuais do corpo, p. 57
Consciência corporal holística, p. 65
Escute o ritmo craniossacral ou ritmos mais lentos nas coxas, nas laterais da pelve e na cabeça, p. 71
Relaxe o tecido conjuntivo (3-4 posições), p. 97
Sinta e relaxe os ossos faciais, p. 126
Sinta e relaxe as suturas cranianas, p. 110
Tração suave na orelha, p. 121
Relaxe o sacro, p. 81
Ative o *still point* na pelve, p. 94
Sinta e observe a respiração, p. 50
Sinta os pés, as pernas, a pelve, o sacro: ligue-se à terra, centralize-se e conecte-se, p. 53

Resumo dos tratamentos de A a Z

Arco costal (costela), relaxe	39	Osso occipital, sinta a conexão com o sacro e a espinha dorsal,	54
Articulações sacroilíacas, relaxe	91	Osso occipital, toque e relaxe,	89
Articulações temporomandibulares, relaxe	126	Ossos cranianos/cabeça, relaxe,	106
Braços, sinta,	56	Ossos cranianos, toque e escute seus movimentos,	112
Cabeça/ossos cranianos, relaxe,	106	Ossos faciais, sinta e relaxe,	126
Cabeça, sinta,	56	Ossos parietais, toque e relaxe,	115
Caixa torácica, sinta,	56	Ossos temporais, relaxe,	119
Circular, respiração,	51	Partes individuais do corpo, sinta,	57
Coluna cervical, sinta,	56	Pelve, ative o *still point*,	94
Corpo, alongue e ajuste,	36	Pelve, sinta,	53
Corpo, sacuda e solte,	34	Pernas, sinta,	53
Crânio, relaxe a base do,	107	Pés, sinta,	53
Equilíbrio dos chacras,	64	Respiração, sinta e observe,	50
Escápulas, sinta,	56	Respiração circular,	51
Espinha dorsal, sinta,	54	Ritmo craniossacral, escute,	71
Fontes de poder, recursos para conectar-se conscientemente,	52	Ritmos corporais, perceba e diferencie,	68
Glândulas, estímulo da atividade,	64	Sacro, relaxe,	81
Holística, consciência corporal,	65	Sacro, sinta,	53
Mandíbula/maxilar inferior, relaxe,	132	Segmento da barriga,	60
Massagem na barriga,	41	Segmento da boca,	62
Massagem nas orelhas,	47	Segmento da garganta e do pescoço,	61
Massagem no couro cabeludo,	46	Segmento do diafragma,	60
Massagem nos pés,	38	Segmento da garganta e do pescoço,	61
Maxila/maxilar superior, toque e relaxe,	129	Segmento do tórax,	61
Maxilar inferior/mandíbula, relaxe,	132	Segmento ocular,	62
Maxilar superior/maxila, toque e relaxe,	129	Segmento pélvico,	59
Músculos da mastigação, palpe, relaxe e massageie,	43, 124	Segmentos corporais, perceba, relaxe e conecte,	57
Músculos, dê tapinhas, sacuda e faça vibrar,	35	Suturas cranianas, sinta e relaxe,	110
Ombros, sinta,	56	Tecido conjuntivo, relaxe,	97
Órgãos, perceba e relaxe pelo toque,	57	Técnica *V-spread*,	135
Osso frontal, toque,	114	Timo, dê tapinhas no,	37
Osso nasal, relaxe,	124	Tração suave na orelha,	121
Osso occipital, ative o *still point*,	95	Transições de segmentos, perceba, relaxe e conecte,	57

Referências bibliográficas

Agustoni, Daniel. *Craniosacral rhythm: a practical guide to a gentle form of body-work therapy.* Filadélfia: Churchill Livingstone/Elsevier, 2008.

_____. *Craniosacral therapy for children: treatments for expecting mothers, babies and children under twelve.* Berkeley: North Atlantic Books, 2013.

Becker, Rollin E. *The stillness of life.* Portland: Stillness Press, 2000.

Calais-Germain, Blandine. *Anatomy of movement.* Seattle: Eastland Press, 2007. [Em português: *Anatomia para o movimento*. São Paulo: Manole, 1992.]

Chaitow, Leon. *Palpation and assessment skills.* Edinburgh: Churchill Livingstone, 2009.

Damásio, Antonio. *Descartes' error: emotion, reason and the human brain.* Nova York: Penguin, 2005. [Em português: *O erro de Descartes: emoção, razão e o cérebro humano*. 6. reimpr. São Paulo: Companhia das Letras, 2000.]

Heller, Diane Poole; Heller, Laurence S. *Crash course: a self-healing guide to auto accident trauma and recovery.* Berkeley: North Atlantic Books, 2001.

Kern, Michael. *Wisdom in the body.* Londres: Thorsons, 2005.

Levine, Peter. *Healing trauma.* Louisville: Sounds True Audio, 2008.

Levine, Peter A.; Frederick, Ann. *Waking the tiger: healing trauma.* Berkeley: North Atlantic Books, 1997. [Em português: *O despertar do tigre: curando o trauma*. 4. ed. São Paulo: Summus, 1999.]

Liem, Torsten. *Craniosacral osteopathy: principles and practice.* 2. ed. Nova York: Elsevier, 2005.

Lipton, Bruce. *Biology of belief.* Carlsbad: Hay House, 2008. [Em português: *A biologia da crença: ciência e espiritualidade na mesma sintonia – O poder da consciência sobre a matéria e os milagres*. São Paulo: Butterfly, 2007.]

Oschman, James. *Energy medicine: the scientific basis.* Edinburgh: Churchill Livingstone, 2000.

Pert, Candace B. *Molecules of emotion: why you feel the way you feel.* Nova York: Scribner, 1999.

Heller, Diane Poole; Heller, Laurence S. *Crash course: a self-healing guide to auto accident trauma and recovery.* Berkeley: North Atlantic Books, 2001.

Ridley, Charles. *Stillness: biodynamic craniosacral therapy, volume one.* Berkeley: North Atlantic Books, 2007.

Shea, Michael J. *Biodynamic craniosacral therapy, volume 1.* Berkeley: North Atlantic Books, 2007.

Sills, Franklin. *Foundations in craniosacral biodynamics, volume 1: the breath of life and fundamental skills.* Berkeley: North Atlantic Books, 2011.

Sutherland, William G. *Teachings in the science of osteopathy.* Clarkston: Sutherland Cranial Teaching Foundation, 1990.

Upledger, John E. *Your inner physician and you.* Berkeley: North Atlantic Books, 1997.

_____. *SomatoEmotional release: deciphering the language of life.* Berkeley: North Atlantic Books, 2002. [Em português: *Liberação somatoEmocional: decifrando a linguagem da vida*. Rio de Janeiro: Mauad, 2006.]

Upledger, John E.; Vredevoogd, Jon D. *Craniosacral therapy.* Seattle: Eastland Press, 1983.

Músicas recomendadas

Agustoni, Daniel; Wiese, Klaus. *Harmonizing your craniosacral system.* Findhorn Press, CD.

Deuter, Chaitanya H. *Reiki: hands of light.* New Earth Records, CD.

_____. *Wind & mountain.* The Relaxation Company, CD.
_____. *Sea and silence.* New Earth Records, CD.
_____. *Earth blue.* New Earth Records, CD.
KAMAL. *Reiki whale song.* New Earth Records, CD.
NAGELE, David. *Temple in the forest.* New World, CD.
WIESE, Klaus; DE JONG, Ted; GRASSOW, Mathias. *El-Hadra (the Mystik Dance).* Edição AK, Silenzio Music, CD.
WIESE, Klaus. *Mudra.* Aquamarin, CD.

Agradecimentos

Minha profunda gratidão a todos os que me apoiaram no desenvolvimento deste livro. Agradeço principalmente a Petra Reinmuth, que me ajudou em todos os estágios deste projeto. Gostaria também de expressar minha gratidão a Heini Müller e Joachim Lichtenbert por seu *feedback*.

Obrigado a Tom Shneider e Anuschka Colonnello pelas fotos.

Agradeço também ao sr. Marcus Sommer e ao prof. dr. Johannes Rohen pela permissão para utilizar a ilustração do crânio colorido. Um grande obrigado a Soraia Bini Cury, Denise Maria Bolanho e ao Grupo Editorial Summus, pela colaboração e pela publicação deste livro.

Obrigado a você, Peter Levine e a toda a equipe do Somatic Experience® da Suíça.

Gostaria de expressar minha sincera gratidão a todos os professores que me instruíram em diversas abordagens do tratamento craniossacral.

Agradeço em especial ao dr. William Martin Allen pelos ensinamentos no Sphinx-Craniosacral-Institute da Basileia e por ter escrito o Prefácio deste livro.

Um reconhecimento extra a Bruce Lipton, Anthony Arnold e Benjamin Shield.

E, claro, muito obrigado a todos os meus clientes, bem como a todos os participantes dos meus cursos de treinamento craniossacral, que me deram e ainda dão a oportunidade de continuar minha aprendizagem.

www.gruposummus.com.br

Impressão e Acabamento:
Geográfica editora